In „MoneyMaker Unterhalt – aus eigener Erfahrung!" schildert der Autor eine tiefgehende, persönliche Reise durch das komplexe System von Unterhaltszahlungen, begleitet von praktischen Tipps, emotionalen Einblicken und einer klaren Perspektive für alle, die sich in ähnlichen Lebenssituationen befinden.

Dieses Buch ist mehr als eine bloße Schilderung – es ist ein wertvoller Ratgeber für Betroffene, sei es aus der Perspektive der Unterhaltszahler oder -empfänger. Der Autor, der sich aus eigener Erfahrung intensiv mit dem Thema auseinandersetzte, beleuchtet dabei die rechtlichen, finanziellen und emotionalen Aspekte, die mit Unterhaltszahlungen verbunden sind. Er zeigt, wie man in einem oft undurchsichtigen System die Kontrolle behält, Stolpersteine umgeht und langfristig erfolgreich agiert.

Die Intention hinter diesem Buch

Das Ziel von „MoneyMaker Unterhalt – aus eigener Erfahrung!" ist es, Menschen in schwierigen Phasen ihres Lebens zu unterstützen. Zahlreiche Betroffene fühlen sich mit den Herausforderungen des Unterhaltsrechts allein gelassen, sei es durch unzureichende rechtliche Beratung, fehlendes Wissen oder die emotionale Belastung, die damit einhergeht. Ich möchte mit diesem Buch Klarheit schaffen und zeigen, dass es Wege gibt, die finanzielle Verantwortung mit dem eigenen Leben in Einklang zu bringen.

Schwerpunkte des Buches

Verständnis

Der Autor erklärt auf verständliche Weise die Grundlagen des Unterhaltsrechts und geht hierfür auf wichtige Begriffe wie ‚Bedarf', ‚Leistungsfähigkeit' und ‚Kindesunterhalt' ein. Dabei werden auch häufige Missverständnisse und Mythen rund um das Thema aufgeklärt.

Aus der Praxis

Neben rechtlichen Grundlagen vermittelt das Buch praktische Tipps, wie man sich im Unterhaltsprozess besser positionieren kann. Es geht um Verhandlungsgeschick, den Umgang mit Anwälten und die Erstellung einer soliden finanziellen Grundlage.

Emotionale Resilienz

Unterhaltsstreitigkeiten sind oft belastend – nicht nur finanziell, sondern auch psychisch. Der

Autor teilt persönliche Erfahrungen und gibt wertvolle Ratschläge, wie man emotional stark bleibt und Konflikte nachhaltig bewältigen kann.

Finanzielle Selbstbestimmung

Ein besonderer Schwerpunkt liegt auf der Frage, wie man trotz Unterhaltszahlungen seine finanzielle Unabhängigkeit bewahrt.

Ein Plädoyer für Eigenverantwortung

Der Autor zeigt auf eindrucksvolle Weise, dass man trotz der Herausforderungen, die Unterhaltszahlungen mit sich bringen, nicht in eine Opferrolle verfallen muss. Mit der richtigen Strategie, einem klaren Fokus und dem Mut, Verantwortung für die eigene Situation zu übernehmen, kann man aus scheinbar aussichtslosen Situationen gestärkt hervorgehen.

„MoneyMaker Unterhalt – aus eigener Erfahrung!" ist ein Buch, das Mut macht, Perspektiven eröffnet und den Leser befähigt, sein eigenes Leben wieder aktiv zu gestalten – auch in schwierigen Zeiten.

Über den Autor

Ich, Julian Lösch, bin ein leidenschaftlicher Projektmanager, Führungspersönlichkeit und Vordenker, der sich mit viel Engagement der Prozessautomatisierung in der Pharma- und Chemiebranche widmet.

Mein beruflicher Weg ist geprägt von einer beeindruckenden Kombination aus technischem Know-how, strategischem Denken und der Fähigkeit, komplexe Projekte erfolgreich zu leiten.

Mit einem Abschluss als staatlich anerkannter Techniker im Bereich ‚Elektrotechnik' und einer Spezialisierung auf Automatisierung, Bauüberwachung und Budgetplanung habe ich zahlreiche anspruchsvolle Projekte realisiert und dabei meine Rolle als führende Kraft in der Branche gefestigt.

Neben meiner beruflichen Expertise beschäftige ich mich seit einigen Jahren intensiv mit einem Thema, das nicht nur privat, sondern auch gesellschaftlich bewegt: das Unterhaltsrecht in Deutschland.

Als Vater, der selbst Unterhaltszahlungen für zwei Kinder leistet, habe ich hautnah erlebt, wie herausfordernd und oftmals frustrierend der Umgang mit einem System sein kann, das in meinen Augen nicht mehr zeitgemäß ist. Diese persönlichen Erfahrungen und die daraus resultierende Überzeugung, dass dringender Handlungsbedarf besteht, haben mich dazu bewogen, das Buch „MoneyMaker Unterhalt – aus eigener Erfahrung!" zu schreiben.

In diesem Werk verarbeite ich nicht nur meine eigenen Erlebnisse, sondern auch die Erkenntnis, dass das Unterhaltsrecht in vielen Bereichen nicht mehr den realen Lebensumständen entspricht. Ich beschreibe, wie schwierig es für zahlreiche Betroffene ist, den Überblick über rechtliche Vorgaben zu behalten, und wie emotionale Belastungen und finanzielle Unsicherheiten die Situation häufig zusätzlich erschweren. Es wird versucht, die bestehenden Missstände offen und verständlich anzusprechen und die Notwendigkeit einer grundlegenden Reform des Systems zu betonen, um langfristig mehr Gerechtigkeit und Transparenz zu schaffen.

Mein Ziel ist es nicht nur, Betroffenen eine Stimme zu geben, sondern auch Politik und Gesellschaft auf die dringende Notwendigkeit von Veränderungen aufmerksam zu machen.

Das Buch „MoneyMaker Unterhalt – aus eigener Erfahrung!" ist ein Werk aus meinem tiefen Wunsch, anderen Menschen in ähnlichen Situationen zu helfen und ihnen Werkzeuge an die Hand zu geben, um mit den Herausforderungen des Unterhaltsrechts besser umgehen zu können. Es ist gleichzeitig ein Aufruf zu mehr Gerechtigkeit und Fairness in einem System, das meiner Ansicht nach längst überholt ist.

Das Buch ist nicht nur ein Ratgeber, sondern auch ein Aufruf zu mehr Verständnis und Menschlichkeit in einem oft starren bürokratischen System.

Meine Erfahrungen haben mich nicht nur als Autor, sondern auch als Mensch geprägt. Ich habe gelernt, dass Herausforderungen stets auch eine Chance bieten, etwas zu verändern – sei es im persönlichen Leben, im beruflichen Kontext oder in der Gesellschaft.

Mit „MoneyMaker Unterhalt – aus eigener Erfahrung!" setze ich ein Zeichen für Eigenverantwortung, Mut und den Willen, auch in schwierigen Situationen nach vorne zu blicken.

☺ **Viel Spaß beim Lesen** ☺

Euer
Julian Lösch

INHALT DES BUCHES
Der Unterhalt als gesellschaftliches Tabu!

Unterhalt ist in unserer Gesellschaft ein sensibles Thema, über das oft nicht offen gesprochen wird. Viele Menschen nehmen es als eine notwendige Pflicht wahr, die in erster Linie dem Wohl des Kindes dient. Doch bei genauerem Hinsehen wird schnell deutlich, dass die Realität weitaus komplexer ist. Wer zahlt tatsächlich, wer profitiert, und welche Herausforderungen entstehen für die Beteiligten?

Barunterhaltspflichtige – egal ob Mütter oder Väter – sehen sich oft mit Vorurteilen konfrontiert. Sie werden in der öffentlichen Wahrnehmung häufig auf ihre finanzielle Rolle reduziert, als „Zahlväter" oder „Zahlmütter" abgestempelt. Dabei wird selten berücksichtigt, dass sie trotz finanzieller Unterstützung nicht automatisch dieselben Rechte und Möglichkeiten in der Erziehung ihrer Kinder haben.

Die gesellschaftliche Erwartungshaltung geht oft in die Richtung, dass Unterhaltspflichtige einfach zahlen sollen, unabhängig von ihrer eigenen Lebenssituation oder möglichen Belastungen.

Hinzu kommt, dass das System selbst viele Fragen aufwirft. Die Berechnung des Unterhalts orientiert sich an festgelegten Tabellen und Richtwerten, die nicht immer die individuelle Lage der Betroffenen berücksichtigen. Es gibt kaum Transparenz darüber, wie das Geld tatsächlich eingesetzt wird, was bei vielen Zahlenden das Gefühl hinterlässt, nur eine finanzielle Verpflichtung zu erfüllen, ohne wirklich mitgestalten zu dürfen.

Gerade dieser Punkt führt zu Frustration und Unsicherheit, denn oft bleibt unklar, ob der Unterhalt in vollem Umfang beim Kind ankommt oder für andere Haushaltsausgaben genutzt wird.

Warum dieses Buch?

Ich habe dieses Buch geschrieben, weil ich selbst erfahren habe, wie schwierig und belastend das Unterhaltssystem sein kann. Viele Betroffene fühlen sich ungerecht behandelt, sei es durch starre Regelungen, fehlende Mitspracherechte oder den gesellschaftlichen Druck, der auf ihnen lastet. Mein Ziel ist es, nicht nur die bestehenden Probleme aufzuzeigen, sondern auch Anstöße für Veränderungen zu geben.

Ziele des Buches

Ein zentrales Anliegen ist es, Missstände im Unterhaltssystem sichtbar zu machen. Viele Betroffene fühlen sich mit ihren Sorgen und Fragen allein gelassen, weil das Thema in der Öffentlichkeit kaum differenziert diskutiert wird. Ich möchte aufzeigen, wo Reformbedarf besteht und wie ein gerechteres System aussehen könnte.

Darüber hinaus geht es darum, ein Umdenken in Politik und Gesellschaft anzuregen. Unterhalt sollte nicht nur als finanzielle Verpflichtung betrachtet werden, sondern als Teil eines fairen und transparenten Modells, das die Bedürfnisse aller Beteiligten – insbesondere der Kinder – berücksichtigt.

Ein weiterer wichtiger Punkt sind Lösungsvorschläge und Reformansätze. Anstatt nur Kritik zu üben, möchte ich Wege aufzeigen, wie das Unterhaltsrecht gerechter gestaltet werden kann. Dabei geht es um mehr Transparenz, eine gerechtere Verteilung der Verantwortung und eine stärkere Berücksichtigung individueller Lebenssituationen.

Dieses Buch soll nicht nur informieren, sondern auch zum Nachdenken anregen. Es richtet sich an alle, die mit dem Thema Unterhalt zu tun haben – sei es direkt als Betroffene oder indirekt als Teil eines gesellschaftlichen Diskurses. Mein Wunsch ist es, eine sachliche, faire und offene Diskussion zu ermöglichen, die langfristig zu positiven Veränderungen führen kann.

INHALTSVERZEICHNIS

EINLEITUNG

Das Thema ‚Unterhalt' wird in der öffentlichen Diskussion oft auf das Wohl der Kinder reduziert. Doch hinter den Kulissen kämpfen Millionen von Barunterhaltspflichtigen mit finanzieller Überforderung, psychischer Belastung und gesellschaftlichen Vorurteilen. Dieses Buch möchte das Schweigen brechen und die Realität für Betroffene aufzeigen – mit all ihren Widersprüchen und Ungerechtigkeiten.

Die Einführung der Düsseldorfer Tabelle in den 1960er Jahren verfolgte das Ziel, eine gerechte Berechnungsgrundlage für Unterhaltszahlungen zu schaffen. Doch wie gerecht ist ein System, das die wirtschaftliche und soziale Realität vieler Elternteile außer Acht lässt?

Die gesellschaftliche Geißelung von Barunterhaltspflichtigen, insbesondere Vätern, wird durch Begriffe wie ‚Zahlväter' deutlich. Sie suggerieren, dass der Beitrag dieser Elternteile auf finanzielle Leistungen beschränkt sei, während emotionale Bindung und Verantwortung zu kurz kommen.

Ziel dieses Buches ist es, ein Umdenken in Politik, Gesellschaft und Rechtsprechung zu bewirken.

Die Frage lautet nicht nur, wie viel Unterhalt gezahlt werden soll, sondern auch, wie die Lebensrealitäten beider Elternteile und zudem das Wohl der Kinder besser in Einklang gebracht werden können.

Quellen
1. Statistisches Bundesamt (2024): Unterhaltspflichtige und Kinder in Trennungsfamilien.
2. Hohnerlein, E. (2019): Familienrecht im Wandel – Eine kritische Betrachtung.
3. Deutsche Kinderhilfe (2022): Zweckbindung von Unterhaltszahlungen.

Kapitel 1: Die Düsseldorfer Tabelle – ein Relikt vergangener Zeiten?

Die Düsseldorfer Tabelle, seit ihrer Einführung 1962 ein zentraler Pfeiler des deutschen Unterhaltsrechts, wird oft als Garant für Gerechtigkeit wahrgenommen. Doch diese Einschätzung hält einer genauen Betrachtung nicht stand. Vielmehr offenbart sich die Tabelle in ihrer heutigen Form als unzureichend, um die realen Bedürfnisse von Kindern, die wirtschaftliche Situation beider Elternteile und die gesellschaftlichen Veränderungen der letzten Jahrzehnte zu berücksichtigen.

Ja, die Düsseldorfer Tabelle ist in Deutschland ein häufig angewandtes, aber nicht gesetzlich verpflichtendes Instrument zur Berechnung von Kindesunterhalt. Sie dient den Gerichten und Anwälten als Orientierungshilfe, um den Unterhalt für minderjährige Kinder im Rahmen von Trennungs- oder Scheidungsverfahren festzulegen.

Es folgt eine kurze Erläuterung dieser Tabelle unter Sichtweise der Politik und Wirtschaft.

Verlässlichkeit und Standardisierung

Die Düsseldorfer Tabelle stellt eine weit verbreitete, standardisierte Berechnungsgrundlage dar. Sie gibt Auskunft darüber, wie hoch der Unterhalt für ein Kind in Abhängigkeit vom Einkommen des unterhaltspflichtigen Elternteils und dem Alter des Kindes sein sollte. Gerichte und Anwälte können so schnell und einheitlich Entscheidungen treffen, ohne für jeden Fall eine völlig neue Berechnungsgrundlage zu erstellen. Sie schafft rechtliche Sicherheit und sorgt für Transparenz.

Einheitlichkeit der Berechnung

Da das Unterhaltsrecht in Deutschland stark auf der Düsseldorfer Tabelle basiert, sorgt ihre Anwendung für eine gewisse Einheitlichkeit in den Entscheidungen. Ohne eine solche Grundlage könnten Gerichte unterschiedliche Entscheidungen treffen, was zu Unsicherheiten und Ungleichbehandlung führen würde.

Vertragsverhältnisse und Praktikabilität

Die Düsseldorfer Tabelle wird nicht nur von Gerichten herangezogen, sondern ist auch in der Praxis sehr anerkannt und wird von vielen anwaltlichen Beratungen, Trennungs- und Scheidungsdiensten sowie Mediatoren als Basis verwendet. Dies schafft ein praktisches und weit verbreitetes Instrument für die Festlegung des Unterhalts.

Verbindlichkeit und rechtliche Bedeutung der Düsseldorfer Tabelle

Obwohl die Düsseldorfer Tabelle eine wichtige Orientierung darstellt, ist sie nicht bindend, sondern ein ‚Empfehlungsinstrument'. Gerichte sind nicht strikt an die in der Tabelle angegebenen Werte gebunden und können bei Bedarf von diesen abweichen, wenn es besondere Umstände gibt, die eine Abweichung rechtfertigen. Dazu gehören zum Beispiel ein außergewöhnlich hohes oder niedriges Einkommen des Unterhaltspflichtigen oder besondere Bedürfnisse des Kindes.

Jedoch wird in der Praxis die Düsseldorfer Tabelle sehr oft angewandt, weil sie eine objektive und gerechte Grundlage zur Berechnung des Kindesunterhalts bietet. Sollte ein Gericht von dieser abweichen, muss es die Gründe dafür detailliert darlegen.

So viel zur Geschichte der Düsseldorfer Tabelle und dazu, wie dieses Berechnungsmodell in der Praxis häufig pauschal auf alle Fälle angewandt wird. Oft ohne ausreichende Berücksichtigung individueller Besonderheiten. Im nächsten Abschnitt werde ich auf meine eigenen Erfahrungen eingehen und aufzeigen, wie es vielen Unterhaltspflichtigen mit diesem System ergeht.

Die Geschichte der Düsseldorfer Tabelle

Die Düsseldorfer Tabelle wurde ursprünglich entwickelt, um die Berechnung von Unterhaltszahlungen zu vereinheitlichen. Damals galten weitaus einfachere gesellschaftliche Strukturen: Die meisten Familien bestanden aus einem Alleinverdiener und einem Elternteil, der sich um die Kinder kümmerte. Scheidungen und getrennte Haushalte waren vergleichsweise selten und die Lebenshaltungskosten bewegten sich auf einem niedrigeren Niveau.

Heute ist die gesellschaftliche Realität eine andere: Patchwork-Familien, Alleinerziehende und eine wachsende Zahl von Doppelverdiener-Haushalten prägen das Bild. Gleichzeitig haben die Lebenshaltungskosten, insbesondere in Ballungsräumen, stark zugenommen, während die Reallöhne nur geringfügig gestiegen sind.

Ein starres System in einer dynamischen Welt

Die Düsseldorfer Tabelle beruht auf standardisierten Einkommensklassen und Altersstufen der Kinder. Diese Pauschalregelung ignoriert jedoch wesentliche Faktoren, die im Folgenden aufgeführt werden.

Regionale Unterschiede

In Städten wie München oder Hamburg reichen die verbleibenden Mittel nach Unterhaltszahlungen oft nicht aus, um die Grundbedürfnisse des unterhaltspflichtigen Elternteils zu decken.

Individuelle Belastungen

Fahrtkosten, Schulden oder zusätzliche finanzielle Verpflichtungen wie Kredite oder die

Unterstützung eines weiteren Haushalts werden nicht berücksichtigt.

Steigende Lebenshaltungskosten

Laut dem Statistischen Bundesamt sind die Kosten für Wohnen und Energie seit 2005 um über 45 % gestiegen, während die Düsseldorfer Tabelle nur moderate Anpassungen erfahren hat.

Ein Beispiel verdeutlicht die Problematik.

Ein unterhaltspflichtiger Elternteil mit einem monatlichen Nettoverdienst von 2.600 Euro zahlt für zwei Kinder im Alter von 7 und 9 Jahren ca. 1.000 Euro Unterhalt (inklusive Kindergeldanrechnung). Nach Abzug des Selbstbehalts von 1.370 Euro bleiben lediglich 230 Euro für weitere Ausgaben, wie Hobbys, Rücklagen oder unerwartete Kosten. Das führt häufig zu einer finanziellen Schieflage, insbesondere wenn Mieten und Nebenkosten einen großen Teil des Budgets verschlingen.

Fehlende Zweckbindung der Unterhaltszahlungen

Ein weiterer Kritikpunkt an der Düsseldorfer Tabelle ist die fehlende Zweckbindung der Unterhaltszahlungen. Während der barunterhaltspflichtige Elternteil regelmäßig hohe Summen überweist, gibt es keine Kontrollmechanismen, ob das Geld tatsächlich den Kindern zugutekommt. Aus Studien geht hervor, dass in zahlreichen Fällen ein erheblicher Teil der Zahlungen in den allgemeinen Haushalt des betreuenden Elternteils fließt.

Beispiele aus anderen Ländern wie Schweden zeigen, dass ein transparenter Umgang mit Unterhaltszahlungen möglich ist. Dort werden die Gelder über ein staatliches Konto verwaltet und Ausgaben können auf Wunsch geprüft werden.

Statistische Ungleichheiten

Statistiken untermauern die Kritik am bestehenden System.

• Einkommensentwicklung: Während die Unterhaltsbeträge nach der Düsseldorfer Tabelle seit 2005 um durchschnittlich 65 % gestiegen sind, liegt das Reallohnwachstum in Deutschland im selben Zeitraum bei nur 11 %.

• Lebenshaltungskosten: Besonders in Großstädten sind die Mieten in den letzten 15 Jahren um über 50 % gestiegen, was die finanzielle Belastung für unterhaltspflichtige Elternteile zusätzlich verschärft.

Ein besonders problematischer Aspekt ist, dass der Selbstbehalt für Unterhaltspflichtige (aktuell 1.370 Euro) seit Jahren nur minimal angepasst wurde, obwohl Studien verdeutlichen, dass ein alleinstehender Erwachsener in Ballungsräumen mindestens 1.800 Euro benötigt, um die Grundbedürfnisse zu decken.

Fehlende Gerechtigkeit bei der Berücksichtigung von Betreuungszeiten

Die Düsseldorfer Tabelle berücksichtigt ausschließlich den finanziellen Beitrag des Barunterhaltspflichtigen. Der Zeitaufwand, den dieser Elternteil mit seinen Kindern verbringt – sei es an Wochenenden, in den Ferien oder durch andere Betreuungsleistungen –, wird dagegen nicht angerechnet. Dies führt zu einer Ungleichheit, da der betreuende Elternteil sowohl finanziell als auch zeitlich entlastet wird, ohne dass der Beitrag des anderen Elternteils ausreichend gewürdigt wird.

Politische Reformvorschläge und deren Scheitern

Trotz wachsender Kritik sind Reformen des Unterhaltssystems in Deutschland bisher weitgehend gescheitert. Gründe hierfür sind unter anderem:

• Die politische Schwierigkeit, komplexe Themen wie Kindesunterhalt und Familienrecht umfassend zu überarbeiten.

• Widerstand von Interessengruppen, die befürchten, dass Reformen zu einer finanziellen Benachteiligung betreuender Elternteile führen könnten.

• Die fehlende öffentliche Debatte über die Rolle und Verantwortung beider Elternteile in Trennungsfamilien.

Fazit

Die Düsseldorfer Tabelle in ihrer heutigen Form ist ein Relikt vergangener Zeiten. Sie berücksichtigt weder die veränderten gesellschaftlichen Strukturen noch die individuellen Lebensumstände der Betroffenen. Ein modernes Unterhaltssystem müsste flexibler sein, regionale Unterschiede und die tatsächlichen Bedürfnisse von Kindern stärker in den Fokus rücken sowie die finanzielle Belastung gerechter verteilen.

Quellen für Kapitel 1

1. Statistisches Bundesamt (2024): Einkommen, Lebenshaltungskosten und Unterhaltszahlungen in Deutschland.
2. Deutsche Kinderhilfe (2023): Zweckbindung und Transparenz bei Unterhaltszahlungen.
3. Bertelsmann Stiftung (2023): Regionale Ungleichheiten in der deutschen Sozialpolitik.
4. Familiengerichtstag (2023): Studien zur Anwendung der Düsseldorfer Tabelle in der Rechtsprechung.
5. Schwedisches Familienministerium (2021): Transparenz im Unterhaltswesen – Ein europäischer Vergleich.

Kapitel 2: Kindesunterhalt und wirtschaftliche Realität

Steigende Inflation und ihre Auswirkungen auf Barunterhaltspflichtige

Die steigende Inflation der letzten Jahre hat die finanzielle Belastung für alle Haushalte erhöht. Besonders betroffen sind Barunterhaltspflichtige, da ihre Unterhaltszahlungen an die Anpassungen der Düsseldorfer Tabelle gekoppelt sind, während ihr Einkommen nicht im selben Maße steigt.

• Inflation und Unterhalt: Laut dem Statistischen Bundesamt lag die Inflationsrate in Deutschland 2022 bei durchschnittlich 7,9 %, der höchste Wert seit Jahrzehnten. Die Düsseldorfer Tabelle wurde daraufhin angepasst, was zu höheren Unterhaltsbeträgen führte. Für Barunterhaltspflichtige bedeutet dies jedoch eine zusätzliche Belastung, da diese Steigerungen oft ohne eine parallele Lohnanpassung erfolgen.

• Lebensmittel und Energiepreise: Besonders die Kosten für Energie (Strom, Heizung) und Lebensmittel sind in den letzten Jahren überproportional gestiegen. Barunterhaltspflichtige, die ohnehin mit einem begrenzten Budget haushalten, müssen häufig auf andere Ausgaben verzichten, um den Unterhalt leisten zu können.

Gender-Aspekt im Kindesunterhalt
Eine oft vernachlässigte Dimension des Kindesunterhalts ist die geschlechtsspezifische Verteilung der finanziellen Last. Aus Studien geht hervor, dass Männer deutlich häufiger Barunterhalt leisten als Frauen.

• Statistik: Laut einer Erhebung des Deutschen Familienministeriums aus dem Jahr 2021 sind 85 % der Barunterhaltspflichtigen Männer.

• Arbeitsmarktungleichheiten: Gleichzeitig verdienen Männer im Durchschnitt mehr als Frauen, was häufig als Begründung für die ungleiche Verteilung der Unterhaltspflichten herangezogen wird. Dennoch werden individuelle Belastungen – wie Mieten, Kredite oder zusätzliche finanzielle Verpflichtungen – nicht ausreichend berücksichtigt.

Der Gender-Aspekt wirft auch die Frage auf, ob das aktuelle System stereotype Rollenbilder fördert, bei denen Mütter die Hauptbetreuung übernehmen, während Väter hauptsächlich finanzielle Beiträge leisten.

Das zum Thema ‚Gleichbehandlung‘.

Kinderbetreuungszeiten und deren Auswirkungen auf Unterhaltszahlungen

Die Düsseldorfer Tabelle ignoriert weitgehend die Betreuungszeiten des Barunterhaltspflichtigen. Dies führt zu Ungerechtigkeiten, insbesondere bei Eltern, die ihre Kinder regelmäßig betreuen.

• Beispiel: Ein Vater, der seine Kinder jedes zweite Wochenende und die Hälfte der Ferien betreut, trägt nicht nur die Kosten für diese Zeiten (Nahrung, Freizeitaktivitäten, Unterbringung), sondern zahlt auch weiterhin den vollen Unterhalt.

• Shared-Parenting-Modelle: Studien aus Kanada und Schweden zeigen, dass eine faire Verteilung der Betreuungspflichten nicht nur die Bindung zu beiden Eltern stärkt, sondern auch die finanzielle Last gerechter verteilt. Dort wird bei einer gleichberechtigten Betreuung der Unterhalt anteilig berechnet.

Ein gerechtes Unterhaltssystem müsste diese Betreuungszeiten stärker berücksichtigen und finanzielle Entlastungen für Barunterhaltspflichtige schaffen, die sich aktiv an der Betreuung ihrer Kinder beteiligen.

Der Mythos vom ‚Luxusleben' der betreuenden Elternteile

Eine häufig geäußerte Kritik von Barunterhaltspflichtigen ist die Annahme, dass betreuende Elternteile finanziell übervorteilt werden. Dies basiert auf der Beobachtung, dass Kindergeld, Unterhaltszahlungen und Steuerfreibeträge oft in die allgemeine Haushaltskasse fließen.

• Fehlende Zweckbindung: Es gibt keine gesetzlichen Vorschriften, die regeln, wie Unterhaltszahlungen verwendet werden müssen. Das führt zu dem Eindruck, dass das Geld nicht ausschließlich den Kindern zugutekommt.

• Studienlage: Eine Untersuchung der Universität Freiburg (2023) zeigt, dass 20 % der Unterhaltszahlungen in allgemeine Haushaltsausgaben wie Miete, Strom und Internet fließen, ohne dass die Kinder direkt profitieren.

• Langfristige Auswirkungen: Die fehlende Zweckbindung kann dazu führen, dass Barunterhaltspflichtige das Gefühl entwickeln, finanziell ausgenutzt zu werden, was wiederum Konflikte und Rechtsstreitigkeiten fördert.
Ein transparenter Umgang mit Unterhaltsgeldern, wie er in Schweden und Norwegen üblich ist, könnte diese Spannungen reduzieren.

In Norwegen besteht die Unterhaltspflicht für Kinder grundsätzlich bis zur Volljährigkeit. Die Berechnung des Unterhalts berücksichtigt dabei die Einkommen beider Elternteile, um eine gerechte Verteilung der finanziellen Verantwortung sicherzustellen. Zudem wird der erhaltene Kindesunterhalt in Norwegen beim Empfänger versteuert, nicht beim Zahlenden.

Psychologische Belastungen für Barunterhalts-pflichtige

Neben den finanziellen Herausforderungen sind auch die psychologischen Auswirkungen auf Barunterhaltspflichtige nicht zu unterschätzen. Viele Betroffene berichten von Stress, Ängsten und einem Gefühl der Ungerechtigkeit.

• Studienergebnisse: Laut einer Umfrage des Deutschen Instituts für Wirtschaftsforschung (DIW) aus dem Jahr 2023 gaben 56 % der Barunterhaltspflichtigen an, regelmäßig unter psychischem Druck zu stehen, da sie ihre finanzielle Situation als belastend empfinden.

• Konflikte mit dem Ex-Partner: Ein häufiger Streitpunkt ist die Verwendung der Unterhaltszahlungen. Zahlreiche Barunterhaltpflichtige fühlen sich ausgegrenzt oder nicht ausreichend gewürdigt, da ihre Beiträge als selbstverständlich angesehen werden.

• Auswirkungen auf die Eltern-Kind-Beziehung: Psychologen weisen darauf hin, dass der finanzielle Druck die Beziehung zwischen Eltern und

Kindern belasten kann. Wenn ein Elternteil das Gefühl hat, primär als ‚Zahler' wahrgenommen zu werden, kann dies das Engagement und die emotionale Bindung negativ beeinflussen.

Reformbedarf und politische Lösungsansätze
In den letzten Jahren gab es zahlreiche Vorschläge, das Unterhaltssystem zu reformieren. Diese reichen von einer stärkeren Anrechnung von Betreuungszeiten bis hin zu einer vollständigen Überarbeitung der Düsseldorfer Tabelle.

• Politische Diskussionen: Der Bundestag debattierte 2023 über die Einführung eines Modells, das die finanzielle Last fairer zwischen beiden Elternteilen verteilt. Kernpunkte waren:
• Eine stärkere Gewichtung von Betreuungszeiten.
• Eine Überarbeitung des Selbstbehalts, um der steigenden Inflation gerecht zu werden.
• Eine gerechtere Anrechnung von Kindergeld und Steuerfreibeträgen.
• Internationale Vorbilder: Länder wie Kanada und Schweden zeigen, dass alternative Modelle funktionieren können. Dort liegt der Fokus auf

einem partnerschaftlichen Ansatz, der die Bedürfnisse der Kinder und die finanzielle Realität beider Elternteile gleichermaßen berücksichtigt.

Fazit

Die wirtschaftliche Realität vieler Barunterhaltspflichtiger steht in einem ausgeprägten Missverhältnis zu den Forderungen der Düsseldorfer Tabelle. Insbesondere die fehlende Berücksichtigung von Lebenshaltungskosten, Betreuungszeiten und regionalen Unterschieden schafft eine strukturelle Ungerechtigkeit, die dringend einer Reform bedarf.

Ein modernes Unterhaltssystem müsste:

1. Die tatsächlichen Kosten für Kinder transparenter gestalten.
2. Die finanzielle und psychologische Belastung beider Elternteile fair verteilen.
3. Eine klare Zweckbindung der Unterhaltszahlungen einführen.

Nur durch solche Reformen kann das System den Bedürfnissen von Kindern und Eltern gleichermaßen gerecht werden.

Quellen für Kapitel 2

1. Statistisches Bundesamt (2024): Auswirkungen der Inflation auf private Haushalte.
2. Universität Freiburg (2023): Zweckbindung von Unterhaltszahlungen – Ein Vergleich internationaler Systeme.
3. DIW Berlin (2023): Psychologische Belastungen von Barunterhaltspflichtigen.
4. Deutsches Familienministerium (2023): Reformansätze im Unterhaltsrecht.
5. Bertelsmann Stiftung (2023): Kinderarmut und die Rolle des Unterhaltsrechts.

Kapitel 3: Kindergeld und die Rolle des Staates

Das Kindergeld wird in Deutschland als finanzielle Unterstützung zur Förderung von Familien gezahlt und soll die Grundbedürfnisse von Kindern decken. Allerdings stehen die Verteilung und Anrechnung des Kindergeldes im Unterhaltssystem seit Jahren in der Kritik. In diesem Kapitel wird beleuchtet, wie das Kindergeld tatsächlich eingesetzt wird, welche Rolle der Staat dabei spielt und welche Reformen notwendig wären, um eine gerechtere Verteilung zu gewährleisten.

Historische Entwicklung des Kindergeldes

Das Kindergeld wurde in Deutschland erstmals 1954 eingeführt, um die Lebenshaltungskosten von Familien zu unterstützen. Seither wurde es schrittweise wie folgt angepasst.

• 1954: Einführung von 25 DM für das dritte und jedes weitere Kind.

• 1975: Kindergeld für das erste und zweite Kind eingeführt.

- 2023: Einheitlicher Kindergeldbetrag von 250 Euro pro Kind.

Trotz regelmäßiger Anpassungen blieb das Kindergeld oft hinter der Inflationsrate zurück, was seine Kaufkraft im Laufe der Jahrzehnte geschwächt hat. Dennoch stellt es für viele Familien eine unverzichtbare finanzielle Unterstützung dar.

Problem: Im Unterhaltssystem wird das Kindergeld nicht gleichmäßig auf beide Elternteile verteilt, sondern fließt größtenteils an den betreuenden Elternteil.

Kindergeld im Kontext der Düsseldorfer Tabelle

Im deutschen Unterhaltsrecht wird das Kindergeld nur zur Hälfte auf die Unterhaltszahlungen angerechnet, was dazu führt, dass Barunterhaltspflichtige eine unverhältnismäßig hohe finanzielle Last tragen.

Beispielrechnung

- Unterhalt laut Düsseldorfer Tabelle: 500 Euro pro Kind.
- Kindergeld (250 Euro): Abzug von 125 Euro beim Unterhalt.
- Effektive Zahlung des Barunterhaltspflichtigen: 375 Euro pro Kind.

Der betreuende Elternteil erhält hingegen den vollen Betrag des Kindergeldes (250 Euro) und hat somit eine zusätzliche finanzielle Entlastung.

Kritikpunkte

1. Das Kindergeld wird nicht gleichmäßig zwischen den Elternteilen aufgeteilt, obwohl beide für das Kind finanziell verantwortlich sind.

2. Der Barunterhaltspflichtige hat keinen Einfluss darauf, wie das Kindergeld verwendet wird, obwohl es in der Theorie den Kindern zugutekommen soll.

Fehlende Zweckbindung des Kindergeldes

Ein zentraler Kritikpunkt ist die fehlende Zweckbindung des Kindergeldes. Obwohl es offiziell für die Versorgung der Kinder gedacht ist, gibt es keine gesetzliche Kontrolle darüber, wie das Geld verwendet wird.

• Studienlage: Eine Studie der Universität Bremen (2022) zeigte, dass bis zu 30 % des Kindergeldes in allgemeinen Haushaltsausgaben wie Miete oder Strom fließen.

• Auswirkungen: Barunterhaltspflichtige fühlen sich häufig benachteiligt, da sie einerseits Unterhalt zahlen und andererseits keine Gewissheit haben, ob das Kindergeld tatsächlich den Kindern zugutekommt.

Andere Länder wie Schweden oder Norwegen haben Mechanismen eingeführt, um sicherzustellen, dass staatliche Zahlungen direkt für die Bedürfnisse der Kinder verwendet werden.

Der Staat als Profiteur?
Ein oft diskutierter Aspekt ist die Frage, ob der Staat selbst von der aktuellen Kindergeldregelung profitiert.

1. Steuerliche Vorteile für betreuende Elternteile: Der Elternteil, bei dem das Kind lebt, erhält Steuerfreibeträge und profitiert somit finanziell zusätzlich zum Kindergeld.

2. Fehlende Entlastung für Barunterhaltspflichtige: Diese erhalten keine steuerlichen Vorteile und tragen dennoch den Großteil der finanziellen Verantwortung.

3. Geringe Anpassung an Lebenshaltungskosten: Trotz steigender Kosten für Kinder (Bildung, Freizeit, Ernährung) wird das Kindergeld nur langsam angepasst. Im Vergleich zu Ländern wie Frankreich oder Schweden liegt Deutschland im unteren Mittelfeld, wenn man die staatliche Unterstützung für Familien betrachtet.

Beispiele aus anderen Ländern
• Frankreich: Hier gibt es zusätzlich zum Kindergeld gestaffelte Zuschüsse, die sich an den tatsächlichen Kosten für Kinder orientieren.
• Schweden: Das Kindergeld wird automatisch auf beide Elternteile aufgeteilt, unabhängig von der Betreuungsregelung.

Psychologische Auswirkungen der Kindergeldverteilung

Die ungleiche Verteilung des Kindergeldes kann nicht nur finanzielle, sondern auch psychologische Auswirkungen haben. Viele Barunterhaltspflichtige empfinden die aktuelle Regelung als ungerecht und entwickeln dadurch ein negatives Verhältnis zum Unterhaltssystem.

• Gefühl der Ausgrenzung: Barunterhaltspflichtige berichten häufig, dass sie sich lediglich als ‚Zahler' wahrgenommen fühlen, während der betreuende Elternteil die finanzielle Unterstützung erhält und darüber frei verfügen kann.

• Eltern-Kind-Beziehung: Konflikte über Geld können sich negativ auf die Beziehung zwischen Eltern und Kindern auswirken. Aus Studien geht hervor, dass Kinder in Trennungsfamilien oft unbewusst in finanzielle Streitigkeiten einbezogen werden, was ihre emotionale Entwicklung beeinträchtigen kann.

Reformansätze zur Kindergeldverteilung

Eine gerechtere Verteilung des Kindergeldes wäre ein erster Schritt, um die finanzielle Last zwischen den Elternteilen besser auszugleichen. Mögliche Ansätze werden im Folgenden dargelegt.

1. Direkte Aufteilung: Das Kindergeld wird automatisch auf beide Elternteile aufgeteilt, unabhängig von der Betreuungsregelung.

2. Anrechnung auf Unterhalt: Das Kindergeld wird vollständig auf den Unterhalt angerechnet, um die finanzielle Belastung des Barunterhaltspflichtigen zu reduzieren.

3. Zweckbindung: Einführung eines Kontrollmechanismus, um sicherzustellen, dass das Kindergeld tatsächlich den Kindern zugutekommt.

Internationale Vorbilder

• Kanada: Dort wird das Kindergeld nach einem festen Schlüssel zwischen beiden Eltern aufgeteilt, was die finanzielle Belastung ausgleicht und Streitigkeiten reduziert.

• Schweden: Kindergeld wird unabhängig von der Betreuungsregelung zu gleichen Teilen an beide Elternteile ausgezahlt.

Kindergeld und Gerechtigkeit

Das Kindergeld ist eine bedeutende finanzielle Unterstützung, die jedoch im aktuellen System nicht gerecht verteilt wird. Barunterhaltspflichtige tragen eine unverhältnismäßig hohe Last, während der Staat die Möglichkeit verpasst, das Kindergeld gezielt zur Förderung der Kinder einzusetzen.

Eine Reform der Kindergeldverteilung müsste:
1. Die Bedürfnisse der Kinder in den Mittelpunkt stellen.
2. Die finanzielle Last zwischen beiden Elternteilen gerechter verteilen.
3. Die Zweckbindung des Kindergeldes stärken.

Ohne solche Reformen bleibt das Kindergeld ein Symbol für ein veraltetes und ungerechtes System, das sowohl Eltern als auch Kindern nicht gerecht wird.

Quellen für Kapitel 3

1. Statistisches Bundesamt (2024): Historische Entwicklung des Kindergeldes in Deutschland.

2. Universität Bremen (2022): Verwendung von Kindergeld in deutschen Haushalten.

3. OECD Family Database (2023): Vergleich internationaler Kindergeldsysteme.

4. Deutsches Jugendinstitut (DJI, 2023): Kinderarmut und finanzielle Unterstützung.

5. Europäische Kommission (2022): Studien zu Familienförderungssystemen in der EU.

Kapitel 4: Die Düsseldorfer Tabelle – Systematik und Kritikpunkte

Die Düsseldorfer Tabelle ist das zentrale Werkzeug zur Berechnung von Kindesunterhalt in Deutschland. Sie legt fest, wie viel Barunterhaltspflichtige abhängig von ihrem Einkommen und der Anzahl der Kinder zahlen müssen.

Doch das System ist seit Jahren Gegenstand intensiver Diskussionen und Kritik. In diesem Kapitel wird die Struktur der Tabelle erklärt, ihre Schwächen aufgezeigt und Reformvorschläge präsentiert.

Entstehung und Zweck der Düsseldorfer Tabelle

Die Düsseldorfer Tabelle wurde 1962 erstmals veröffentlicht und dient seitdem als Orientierungshilfe für die Berechnung des Kindesunterhalts. Herausgeber ist das Oberlandesgericht Düsseldorf in Zusammenarbeit mit anderen Oberlandesgerichten und der Unterhaltskommission des Deutschen Familiengerichtstags.

Ziele der Tabelle

1. Schaffung von Transparenz und einheitlichen Regelungen für die Unterhaltsberechnung.

2. Berücksichtigung der Lebenshaltungskosten der Kinder sowie der Leistungsfähigkeit des Unterhaltspflichtigen.

Aufbau der Tabelle

• Einkommensgruppen: Die Tabelle ist in verschiedene Einkommensstufen unterteilt, die in 400-Euro-Schritten gestaffelt sind.

• Altersstufen der Kinder: Es gibt vier Altersgruppen (0–5 Jahre, 6–11 Jahre, 12–17 Jahre, ab 18 Jahren), die jeweils unterschiedliche Unterhaltssätze festlegen.

Anpassung der Tabelle

Die Düsseldorfer Tabelle wird regelmäßig angepasst, meist alle zwei Jahre, um auf Inflation und steigende Lebenshaltungskosten zu reagieren. Zuletzt wurde sie zum 1. Januar 2023 überarbeitet, wobei die Beträge erneut angehoben wurden.

Kritikpunkte an der Düsseldorfer Tabelle
Fehlende Berücksichtigung individueller Lebensverhältnisse
Die Düsseldorfer Tabelle ist ein pauschales System, das nicht auf die individuellen Lebenssituationen der Betroffenen eingeht.

• Regionale Unterschiede: Lebenshaltungskosten variieren stark zwischen Regionen. So ist das Leben in München oder Frankfurt deutlich teurer als in ländlichen Gebieten. Dennoch gelten bundesweit einheitliche Unterhaltssätze.

• Individuelle Belastungen: Schulden, außergewöhnliche Ausgaben oder zusätzliche Unterhaltsverpflichtungen werden nicht ausreichend berücksichtigt.

Fehlende Dynamik bei der Einkommensberechnung
Die Einkommensgruppen der Tabelle sind starr und berücksichtigen nicht die Dynamik der heutigen Arbeitswelt.

• Problem bei schwankendem Einkommen: Selbstständige oder Arbeitnehmer in Branchen mit unregelmäßigem Einkommen (z. B. Gastronomie) geraten schnell in Schwierigkeiten, wenn ihre Einnahmen kurzfristig sinken, der Unterhalt jedoch weiterhin in voller Höhe gezahlt werden muss.

• Höhere Belastung bei Überstunden: Zusatzeinkünfte aus Überstunden oder Bonuszahlungen erhöhen das bereinigte Nettoeinkommen und damit auch den Unterhalt, obwohl diese Einkünfte oft nicht dauerhaft sind.

Selbstbehalt und seine Grenzen
Der Selbstbehalt ist der Betrag, der dem Unterhaltspflichtigen zur Deckung seines eigenen Lebensunterhalts verbleiben muss. Für Erwerbstätige liegt er derzeit bei 1.370 Euro (Stand 2023).

• Kritik: In vielen Fällen reicht der Selbstbehalt nicht aus, um die tatsächlichen Lebenshaltungskosten zu decken, insbesondere in Ballungszentren mit hohen Mietpreisen.

- Vergleich mit Bürgergeldsch: Der Selbstbehalt liegt oft nur geringfügig über dem Niveau der Grundsicherung, was die finanzielle Situation zahlreicher Unterhaltspflichtiger erheblich belastet.

Auswirkungen der Tabelle auf die finanzielle Lage von Barunterhaltspflichtigen

Verschärfte finanzielle Ungleichheit
Barunterhaltspflichtige tragen die Hauptlast der Unterhaltszahlungen, während der betreuende Elternteil von Kindergeld, Steuerfreibeträgen und Unterhalt profitiert.

- Beispielrechnung: Ein Unterhaltspflichtiger mit einem bereinigten Nettoeinkommen von 2.500 Euro zahlt für zwei Kinder (7 und 9 Jahre) rund 850 Euro Unterhalt. Nach Abzug des Selbstbehalts bleibt ihm kaum mehr als das Existenzminimum.

Verschuldung und Existenzängste
Aus einer Studie der Bertelsmann Stiftung (2022) geht hervor, dass rund 30 % der Barunterhaltspflichtigen Schwierigkeiten haben, den

festgelegten Unterhalt zu zahlen. Viele geraten dadurch in eine Schuldenspirale oder müssen zusätzliche Jobs annehmen.

Psychosoziale Belastungen

Die finanzielle Belastung durch die Düsseldorfer Tabelle führt bei vielen Betroffenen zu Stress, Angst und Depressionen. Eine Umfrage des Deutschen Familiengerichtstags (2023) ergab, dass 60 % der Unterhaltspflichtigen psychisch unter Druck stehen, da sie das Gefühl haben, den Anforderungen des Systems nicht gerecht zu werden.

Reformbedarf und Lösungsansätze

Anpassung an regionale Unterschiede

Die Düsseldorfer Tabelle sollte regionale Lebenshaltungskosten berücksichtigen, ähnlich wie in Ländern wie der Schweiz, wo Unterhaltssätze an die örtlichen Gegebenheiten angepasst werden.

Dynamischere Einkommensberechnung

Anstelle starrer Einkommensgruppen könnten dynamische Modelle eingeführt werden, die

Schwankungen im Einkommen besser berücksichtigen und so fairere Ergebnisse liefern.

Erhöhung des Selbstbehalts

Der Selbstbehalt sollte regelmäßig an die Inflation und die tatsächlichen Lebenshaltungskosten angepasst werden, um die finanzielle Existenz der Unterhaltspflichtigen zu sichern.

Förderung alternativer Betreuungsmodelle

Geteilte Betreuungsmodelle (z. B. das Wechselmodell) könnten dazu beitragen, die finanzielle und emotionale Last zwischen beiden Elternteilen gerechter zu verteilen.

Fazit: Eine Tabelle im Wandel der Zeit

Die Düsseldorfer Tabelle erfüllt eine wichtige Funktion, ist jedoch in ihrer aktuellen Form nicht mehr zeitgemäß. Sie ignoriert wesentliche Aspekte der modernen Lebenswirklichkeit, was zu erheblichen finanziellen und psychologischen Belastungen bei Barunterhaltspflichtigen führt.

Kapitel 5: Manipulation und Indoktrination im Kontext von Unterhaltsstreitigkeiten

Neben den bisher behandelten psychologischen Auswirkungen von Indoktrination im Zusammenhang mit Unterhaltsstreitigkeiten gibt es zahlreiche weitere Dimensionen dieses Themas, die vertieft betrachtet werden sollten. Manipulation und Indoktrination betreffen nicht nur das Kind direkt, sondern wirken sich auch auf das gesamte soziale und familiäre Umfeld aus, indem sie bestehende Konflikte verschärfen und langfristige Spannungen erzeugen.

Eine Form der Manipulation ist die gezielte Beeinflussung des Kindes durch einen Elternteil, um das Bild des anderen Elternteils negativ darzustellen. Dies kann bewusst oder unbewusst geschehen, beispielsweise durch abwertende Kommentare, das Vorenthalten wichtiger Informationen oder das Hervorheben von negativen Aspekten. In manchen Fällen wird das Kind in eine emotionale Abhängigkeit gebracht, indem ihm suggeriert wird, dass Loyalität gegenüber einem Elternteil bedeutet, sich vom anderen zu distanzieren. Dies kann zu schweren inneren Konflikten führen und die Beziehung zwischen Kind und Elternteil langfristig belasten.

Ein weiterer Aspekt ist die Darstellung eines Elternteils als unfähig oder nachlässig, insbesondere wenn es um finanzielle oder erzieherische Verantwortung geht. In Unterhaltsstreitigkeiten kommt es häufig vor, dass ein Elternteil dem anderen vorwirft, seinen Verpflichtungen nicht ausreichend nachzukommen. Diese Narrative werden nicht selten über soziale Medien oder das persönliche Umfeld verbreitet und verstärken die ohnehin angespannte Situation. Für das Kind entsteht dadurch das Gefühl, sich für eine Seite entscheiden zu müssen, was den Loyalitätskonflikt weiter verstärkt.

Auch das Rechtssystem kann ungewollt zur Verstärkung von Manipulation beitragen. Im Rahmen von Sorgerechts- oder Unterhaltsverfahren werden Argumente und Beweise oft so präsentiert, dass sie das gewünschte Bild eines Elternteils stützen. Anwälte und Berater können dabei bewusst oder unbewusst dazu beitragen, eine einseitige Darstellung der Realität zu fördern, was nicht nur den gerichtlichen Ausgang beeinflusst, sondern auch die Wahrnehmung des Kindes und des sozialen Umfelds.

Diese verschiedenen Dimensionen zeigen, dass Manipulation und Indoktrination weit über das unmittelbare Verhältnis zwischen Eltern und Kind hinausgehen. Sie beeinflussen das soziale Gefüge, führen zu Misstrauen und erschweren eine sachliche Auseinandersetzung mit dem eigentlichen Ziel: dem Wohl des Kindes. In den folgenden Abschnitten werden diese Aspekte detaillierter betrachtet und Möglichkeiten aufgezeigt, wie sich solche Dynamiken erkennen und vermeiden lassen.

Auswirkungen auf die soziale und schulische Integration des Kindes

Manipulation kann nicht nur das emotionale und familiäre Wohl des Kindes gefährden, sondern auch direkte Auswirkungen auf dessen soziales und schulisches Leben haben. Wenn ein Elternteil kontinuierlich das Kind gegen den anderen Elternteil aufhetzt, können folgende Probleme auftreten.

Schwierigkeiten in Freundschaften und sozialen Beziehungen

Kindern, die in einem manipulativen Umfeld aufwachsen, ist es häufig erschwert, gesunde Freundschaften zu entwickeln. Sie können das Vertrauen in andere Menschen verlieren und haben Schwierigkeiten, objektive Urteile zu fällen. In zahlreichen Fällen führt die emotionale Belastung durch den familiären Konflikt zu sozialer Isolation, da es für das Kind herausfordernd ist, sich anderen anzuvertrauen oder Beziehungen zu anderen zu pflegen.

• Beispiel: Ein Kind, das regelmäßig hört, dass der andere Elternteil ‚schlecht' oder ‚unzuverlässig' ist, könnte diese Vorstellung auf andere Erwachsene übertragen. Es fällt dem Kind schwer, vertrauensvolle Beziehungen zu Lehrern, Verwandten oder Freunden aufzubauen, aus Angst, dass diese ebenfalls ‚enttäuschen' könnten.

Beeinträchtigung der schulischen Leistung

Schulische Leistungen sind eng mit dem emotionalen Wohlbefinden eines Kindes verbunden. Manipulative Taktiken, die das Kind in einen Loyalitätskonflikt stürzen oder es emotional überfordern, können zu Konzentrationsproblemen, Rückzug und sogar zu Leistungsabfällen führen. Dies kann sich in schlechten Noten oder in einem Anstieg von Absentismus manifestieren.

• Forschung: Eine Studie des Deutschen Instituts für Normung (DIN; 2020) stellte fest, dass Kinder aus stark konfliktbeladenen Trennungsfamilien signifikant schlechtere schulische Leistungen erzielen als Kinder aus weniger belasteten Familien. Insgesamt 70 % der betroffenen Kinder berichteten, dass sie Schwierigkeiten beim Fokussieren auf ihre Aufgaben in der Schule hatten.

Mangel an Respekt und Wertschätzung gegenüber dem anderen Elternteil

Indoktrinierte Kinder haben oft ein verzerrtes Bild von den Fähigkeiten und Qualitäten des anderen Elternteils. In vielen Fällen zeigt sich dies in der Verweigerung von Kontakten oder in unhöflichem Verhalten gegenüber diesem Elternteil, was zu weiteren Spannungen und Konflikten führen kann.

• Beispiel: Ein Kind könnte einem Elternteil gegenüber ablehnend oder respektlos werden, weil es kontinuierlich mit negativen Aussagen über diesen Elternteil konfrontiert wurde. Das Kind entwickelt möglicherweise eine Vorstellung davon, dass es ‚das Richtige' tut, indem es den anderen Elternteil ablehnt oder ihm widerspricht.

Der Einfluss von sozialen Netzwerken und Medien auf Manipulation und Indoktrination
Die Rolle von Medien und sozialen Netzwerken in der modernen Welt kann nicht unterschätzt werden, wenn es um Manipulation und Indoktrination geht. In der heutigen Zeit sind Kinder und Jugendliche immer häufiger auch über digitale Kanäle und soziale Plattformen mit den Meinungen und Manipulationen ihrer Eltern konfrontiert.

Manipulation durch digitale Kommunikation

Viele Eltern, die in einem Unterhaltsstreit stehen, nutzen digitale Kommunikation, um ihre Sichtweise auf den anderen Elternteil zu verbreiten. Dies kann in Form von direkten Nachrichten an das Kind, über soziale Medien oder in öffentlichen Posts geschehen, die darauf abzielen, das Bild des anderen Elternteils zu verzerren.

• Beispiel: Ein Elternteil könnte regelmäßig negative Nachrichten über den anderen Elternteil auf Facebook oder Instagram posten, was das Kind indirekt mit Informationen konfrontiert, die es psychologisch beeinflussen. Selbst wenn das Kind diese Posts nicht direkt liest, wird es möglicherweise über den sozialen Kreis in die Manipulation einbezogen.

Öffentliche Darstellung als Druckmittel

Eltern könnten das soziale Netzwerk oder die Öffentlichkeit als Druckmittel verwenden, um den anderen Elternteil hinsichtlich der Beziehung zum Kind oder der Auseinandersetzung um den Unterhalt zu schwächen. Dies könnte dazu führen, dass der andere Elternteil öffentlich beschuldigt wird oder sich in der Öffentlichkeit als inkompetent oder unzuverlässig darstellt.

• Beispiel: Ein Elternteil könnte regelmäßig in öffentlichen Foren oder auf sozialen Medien die angeblichen Unzulänglichkeiten des anderen Elternteils thematisieren und diese als Beweis für dessen Unfähigkeit oder Missachtung des Kindeswohls präsentieren.

Dies kann zu einer weiteren Spaltung führen und dem Kind das Gefühl geben, dass es sich für einen Elternteil entscheiden muss, um das ‚Richtige' zu tun oder loyal zu sein.

Solche Loyalitätskonflikte belasten Kinder oft emotional und erschweren ihre Beziehung zu beiden Elternteilen.

Manipulation durch den Rechtsstreit – die Rolle der Gerichtsurteile

Ein oft unbeachteter Aspekt in Unterhaltsstreitigkeiten ist die Rolle des Rechtssystems und die Art, wie Manipulation auch durch die rechtlichen Verfahren selbst verstärkt werden kann. Die juristischen Auseinandersetzungen um Sorgerecht, Umgangsrecht und Unterhalt bieten eine Plattform für Manipulation, sowohl vonseiten der Eltern als auch vonseiten der Anwälte.

Manipulation durch juristische Taktiken

Anwälte, die im Auftrag eines Elternteils handeln, können bestimmte Narrative aufbauen, die die Wahrnehmung des Kindes gegenüber dem anderen Elternteil beeinflussen. Diese juristischen Taktiken sind darauf ausgerichtet, die emotionale Seite des Falls zu betonen und das Bild des anderen Elternteils als unzuverlässig oder schädlich darzustellen.

• Beispiel: Ein Anwalt könnte während eines Verfahrens Informationen über den anderen Elternteil in einer Weise präsentieren, die dessen Fehler oder Schwächen übertreibt, ohne die zugrunde liegenden Ursachen oder das gesamte Bild zu berücksichtigen. Das kann die Gerichtsentscheidung beeinflussen und die Wahrnehmung des Kindes weiter manipulieren.

Rechtsmissbrauch und Eskalation der Konflikte

In einigen Fällen kann der Unterhaltsstreit als Mittel zur weiteren Eskalation des Konflikts zwischen den Eltern dienen. Ein Elternteil könnte versuchen, das rechtliche Verfahren zu nutzen, um das andere Elternteil zu demütigen oder emotional zu verletzen, was zu einer noch stärkeren Polarisierung führt.

Prävention und Intervention Strategien zur Verringerung von Manipulation und Indoktrination

Es gibt zahlreiche Strategien und Interventionen, die darauf abzielen, Manipulation und Indoktrination in Trennungsfamilien zu verringern und die Auswirkungen auf das Kind zu minimieren.

Psychologische Unterstützung und Mediation

Eine frühzeitige psychologische Unterstützung, etwa durch Familientherapie oder Mediation, kann helfen, Konflikte zu deeskalieren und die negativen Auswirkungen von Manipulation und Indoktrination zu verhindern. Mediatoren können den Eltern helfen, die Bedürfnisse des

Kindes in den Vordergrund zu stellen und konstruktive Lösungen zu finden.

• Studie: Laut einer Studie des Deutschen Familiengerichtstags (2022) konnte bei 60 % der Fälle, in denen Mediation angeboten wurde, eine signifikante Reduzierung von manipulativen Taktiken festgestellt werden.

Aufklärung und Sensibilisierung von Fachkräften
Gerichte, Anwälte und Sozialarbeiter sollten regelmäßig in Bezug auf manipulative Verhaltensweisen geschult werden, um diese frühzeitig zu erkennen und entsprechende Maßnahmen zu ergreifen.

Förderung einer positiven Eltern-Kind-Beziehung
Die Förderung einer gesunden Beziehung zwischen Eltern und Kindern ist entscheidend. Kinder, die starke, ungestörte Bindungen zu beiden Elternteilen haben, sind weniger anfällig für Manipulationen.

Fazit: Die umfassende Bedeutung von Aufklärung und Prävention

Manipulation und Indoktrination in Unterhaltsstreitigkeiten stellen ein ernstes Problem dar, das nicht nur das Wohl des Kindes gefährdet, sondern auch die familiäre und gesellschaftliche Struktur beeinträchtigt. Es ist entscheidend, dass sich sowohl Eltern als auch Fachkräfte der psychologischen und emotionalen Auswirkungen von Manipulation bewusst werden und entsprechend handeln, um das Wohl des Kindes zu gewährleisten. Prävention und Unterstützungssysteme wie Mediation und therapeutische Interventionen sind unerlässlich, um das Vertrauen zwischen Eltern und Kindern zu stärken und eine gesunde Entwicklung des Kindes zu fördern.

Quellen für Kapitel 5

1. Universität Mannheim (2022): Manipulation in Trennungsfamilien – Psychologische Auswirkungen und Prävention.

2. Deutsches Institut für Normung (DIN, 2020): Auswirkungen von Trennungsfamilien auf die schulische Leistung von Kindern.

3. Deutscher Familiengerichtstag (2022): Mediation und ihre Rolle in der Reduzierung von manipulativen Taktiken.

4. Max-Planck-Institut für Sozialrecht und Sozialpolitik (2023): Manipulation und Kindeswohl in Trennungsfamilien.

5. Bundeszentrale für politische Bildung (2023): Einfluss von sozialen Netzwerken auf familiäre Konflikte.

Kapitel 6: Gerechtigkeit oder Willkür? Der Umgang mit Unterhaltsforderungen und die Wahrnehmung von Fairness in Trennungsfamilien

Unterhaltsstreitigkeiten und die Anwendung der Düsseldorfer Tabelle werfen nicht nur Fragen nach der objektiven Fairness der Zahlungen auf, sondern auch nach der Gerechtigkeit der gesamten Verfahren. Oftmals entsteht bei den betroffenen Elternteilen der Eindruck, dass das System entweder nicht im besten Interesse des Kindes funktioniert oder dass es zu willkürlichen Entscheidungen kommt, die keine Rücksicht auf individuelle Lebensrealitäten und spezifische familiäre Umstände nehmen. In diesem Kapitel wird auf die Wahrnehmung von Gerechtigkeit und Willkür eingegangen und untersucht, inwieweit das aktuelle System zu einer fairen Verteilung der finanziellen Lasten führt – und wo es möglicherweise versagt.

Die Düsseldorfer Tabelle – ein Werkzeug der Fairness oder der Willkür?

Die Düsseldorfer Tabelle stellt in Deutschland den zentralen Maßstab für die Berechnung von Unterhaltsansprüchen dar und wird regelmäßig an die Inflationsraten und durchschnittlichen Einkommensentwicklungen angepasst. Doch gerade im Hinblick auf die gestiegenen Lebenshaltungskosten, die unterschiedlichsten Einkommensverhältnisse und die Ausweitung der sozialen Erwartungen an den Unterhalt stellt sich immer wieder die Frage: Wer profitiert wirklich von dieser ‚Tabelle'?

Die Mechanismen der Düsseldorfer Tabelle und ihre Schwächen

Die Tabelle selbst basiert auf einem Standard, der versucht, eine allgemeine Grundlage zu schaffen, um den Unterhalt für Kinder auf faire Weise zu berechnen. Hierzu werden zwei Hauptfaktoren berücksichtigt: das Einkommen des barunterhaltspflichtigen Elternteils und die Zahl der Kinder. Allerdings wird dabei oft übersehen, dass die Tabelle stark vereinfacht und generalisiert ist. Sie kann die individuellen

Umstände eines Elternteils oder die tatsächlichen Bedürfnisse des Kindes oft nicht angemessen widerspiegeln.

Beispiel 1:
Ein alleinerziehender Vater mit einem Jahreseinkommen von 60.000 Euro könnte nach der Düsseldorfer Tabelle für zwei Kinder einen Unterhalt von 1.000 Euro zahlen.
Diese Summe wird jedoch auf Grundlage eines ‚durchschnittlichen' Lebensstandards berechnet, der im Verhältnis zu den realen Ausgaben und Lebenshaltungskosten nicht immer gerecht erscheint. Steigt etwa der Mietpreis in einer Stadt überdurchschnittlich stark, wird dies von der Düsseldorfer Tabelle nicht berücksichtigt, was zu einer unverhältnismäßigen Belastung des barunterhaltspflichtigen Elternteils führen kann.

Die Wahrnehmung von Gerechtigkeit
Gerechtigkeit entsteht nicht immer durch Gleichheit, sondern durch die Berücksichtigung individueller Bedürfnisse und Verhältnisse.

Ein gängiger Vorwurf gegen die Düsseldorfer Tabelle ist, dass sie auf einer schematischen und unflexiblen Berechnung basiert, die die Lebensrealitäten und die tatsächlichen Bedürfnisse der betroffenen Kinder nicht immer widerspiegelt.

Während der Staat immer mehr in die Taschen der barunterhaltspflichtigen Eltern greift, bleibt der Empfänger der Zahlungen oftmals ‚unabhängig' von den tatsächlichen Bedürfnissen des Kindes, was zu einer wahrgenommenen Willkür führt.

Beispiel 2:
Ein hochgebildeter, selbstständig arbeitender Vater zahlt nach der Düsseldorfer Tabelle einen hohen Unterhalt, obwohl seine beiden Kinder bei der Mutter leben und dort in einem finanziell sehr abgesicherten Umfeld aufwachsen. Hier könnte der Vater argumentieren, dass die unterhaltsberechtigte Mutter durchaus in der Lage wäre, einen Teil des Unterhalts selbst zu tragen, ohne dass dies zu einer Belastung des Vaters führen würde.

Die Auswirkungen von Gerechtigkeit und Willkür auf die betroffenen Elternteile

Der Eindruck von Willkür in Bezug auf Unterhaltszahlungen kann weitreichende psychologische und soziale Konsequenzen für die betroffenen Elternteile haben.

Insbesondere der barunterhaltspflichtige Elternteil fühlt sich oft ungerecht behandelt, wenn das System scheinbar pauschal eine hohe Zahlung verlangt, ohne die eigenen Lebensumstände zu berücksichtigen.

Der psychische Druck des barunterhaltspflichtigen Elternteils

Es ist allgemein bekannt, dass finanzielle Belastungen einen enormen psychischen Druck auf den betroffenen Elternteil ausüben können. Dies führt zu Stress, Angstzuständen und einer verminderten Lebensqualität. Der Vorwurf, ungerecht behandelt zu werden, verstärkt dieses Gefühl der Belastung und führt zu einer noch größeren Entfremdung zwischen den Elternteilen.

Beispiel 3:

Ein Alleinerziehender mit einem Nettojahresein-kommen von 35.000 Euro muss gemäß der Düsseldorfer Tabelle 650 Euro monatlich an Unterhalt für sein Kind zahlen. Die Miete und Lebenshaltungskosten in seiner Region betragen jedoch bereits 1.200 Euro monatlich, was ihn vor eine enorme finanzielle Herausforderung stellt. Der Druck, den vollen Unterhalt zu zahlen, während gleichzeitig die Lebensqualität weiter sinkt, kann zu ernsthaften psychischen Belastungen führen und die allgemeine Lebensfreude erheblich beeinträchtigen.

Gerechtigkeit und das Thema ‚Selbstbestimmung'

Wenn die Zahlungen als ungerecht empfunden werden, entstehen oft Frustration und eine wahrgenommene Ohnmacht. In zahlreichen Fällen fühlen sich die betroffenen Elternteile wie ‚Opfer des Systems', was das Gefühl der Selbstbestimmung und Kontrolle über das eigene Leben beeinträchtigt. Eltern, die das Gefühl haben, dass ihre individuelle Situation nicht ausreichend berücksichtigt wird, sehen sich einem

System gegenüber, das sie als bürokratisch und unnachgiebig erleben.

Das Zusammenspiel von Gerechtigkeit und gesellschaftlichen Normen

Unterhalt als gesellschaftliche Norm und staatliche Intervention

Unterhaltsregelungen in Trennungsfamilien werden oft auch unter dem Aspekt sozialer Normen und staatlicher Fürsorge betrachtet. Diesbezüglich stellt sich die Frage, ob der Staat in der Lage ist, in jedem Fall die ‚richtige' Entscheidung zu treffen, wenn es darum geht, was als fairer Unterhalt gilt. In einer zunehmend diversifizierten Gesellschaft – sowohl in sozialen als auch in wirtschaftlichen Aspekten – ist es problematisch, ein einziges Regelwerk wie die Düsseldorfer Tabelle als Maßstab zu verwenden.

Beispiel 4:

In einer wohlhabenden Familie mit einem hohen Lebensstandard kann der Unterhalt, der gemäß der Tabelle berechnet wird, als ‚fair' betrachtet werden. Bei einer weniger wohlhabenden

Familie jedoch, in der der barunterhaltspflichtige Elternteil nur ein niedriges Einkommen hat, kann der gleiche Betrag als unangemessen hoch und damit ungerecht erscheinen. Der Staat kann hier den spezifischen Lebensstandard der Eltern oder des Kindes oft nicht angemessen berücksichtigen.

Reformation des Systems

Die Diskussion um Gerechtigkeit und Willkür ist auch eine politische Debatte. Wäre es nicht sinnvoll, das Unterhaltssystem stärker an die tatsächlichen finanziellen Bedürfnisse und Lebensrealitäten der betroffenen Familien anzupassen? Eine differenzierte Betrachtung der sozialen und wirtschaftlichen Verhältnisse jedes Einzelfalls könnte dazu beitragen, Gerechtigkeit zu gewährleisten und gleichzeitig die Willkür in der Berechnung von Unterhalt zu vermeiden.

Fazit: Die Suche nach einer gerechten Lösung

Abschließend lässt sich sagen, dass die Frage der Gerechtigkeit oder Willkür in Unterhaltsstreitigkeiten nicht pauschal beantwortet werden kann.

Die Düsseldorfer Tabelle bietet einen Standard, der in vielen Fällen eine praktikable Lösung darstellt, aber auch erhebliche Schwächen aufweist. Besonders in Fällen, in denen die finanziellen Umstände stark variieren, entsteht der Eindruck von Ungerechtigkeit und Willkür.

Die Reformierung des Systems hin zu einer flexibleren, bedürfnisorientierteren Berechnung könnte eine Antwort auf diese Problematik sein.

Ein System, das sowohl die wirtschaftlichen Gegebenheiten der Eltern als auch die tatsächlichen Bedürfnisse der Kinder berücksichtigt, könnte sich der Gerechtigkeit annähern.

Die Wahrnehmung von Fairness und das soziale Umfeld

Die Auswirkungen auf die soziale Wahrnehmung von Eltern

Neben den finanziellen Belastungen gibt es auch eine tiefgreifende soziale Komponente, die die Wahrnehmung von Gerechtigkeit beeinflusst.

Wenn der barunterhaltspflichtige Elternteil als ‚Zahlmeister' wahrgenommen wird, ohne dass er in der Praxis eine gleichwertige Verantwortung für das Kind übernimmt, führt das zu Spannungen und Missverständnissen.

Es entsteht das Gefühl, dass der Elternteil, der weniger oder gar keinen Kontakt zu den Kindern hat, unverdientermaßen zur Kasse gebeten wird.

Das Gefühl, ‚ausgenutzt' zu werden, ist besonders stark, wenn der Unterhaltspflichtige die Kinder nicht regelmäßig sieht oder wenn das Kind eine enge Bindung zum anderen Elternteil aufgebaut hat, der oft als ‚Empfänger' der Zahlungen fungiert.

Der andere Elternteil wird als ‚unabhängig' wahrgenommen, während der Unterhaltspflichtige die finanzielle Last allein trägt. Dieses Ungleichgewicht in der Wahrnehmung kann zu einem Gefühl der Willkür und zu einer tiefen Entfremdung zwischen den Eltern führen.

Beispiel 1:

Ein Vater, der seine Kinder nur selten sieht und finanziell unter großem Druck steht, fühlt sich oft als ‚Fremder im Leben seiner Kinder'. Gleichzeitig erhält die Mutter in den meisten Fällen sowohl den Unterhalt als auch das Kindergeld, was ihr eine wesentlich stabilere finanzielle Situation verschafft. Der Vater könnte sich ungerecht behandelt fühlen, da er das Gefühl hat, nicht die gleichen Rechte und Chancen in der Erziehung und Betreuung seiner Kinder zu haben, obwohl er einen erheblichen Teil seines Einkommens abtritt.

Das ‚Zahlmeister'-Syndrom

Der Unterhaltspflichtige wird in zahlreichen Fällen als bloßer ‚Zahlmeister' gesehen, was die Frage aufwirft, wie gerecht dieses System tatsächlich ist.

Es gibt keine klare Aufteilung zwischen der finanziellen Verantwortung und der emotionalen Verantwortung für das Kind. Die Düsseldorfer Tabelle berücksichtigt in ihrer Berechnung keine emotionalen Bindungen oder die tatsächliche Zeit, die der Elternteil mit dem Kind verbringt.

Diese Einschränkung führt zu einer Ungleichbehandlung, da der Elternteil, der mehr Zeit mit dem Kind verbringt, häufig die niedrigeren Zahlungen erhält.

Gleichzeitig ist der Barunterhaltspflichtige oft finanziell stärker belastet, obwohl er nicht die gleichen elterlichen Pflichten wahrnehmen kann.

In diesem Kontext können sich Kinder auch dadurch von einem Elternteil entfremden, dass dieser als ‚der mit dem Geld' wahrgenommen wird. Dies kann sowohl die Beziehung zwischen dem Kind und dem Vater als auch zwischen den Eltern weiter belasten. Die Kinder lernen, dass finanzielle Mittel mehr Einfluss auf den Alltag haben als die emotionale Bindung, was ein problematisches soziales Signal aussendet.

Die rechtlichen Rahmenbedingungen und ihre Mängel

Die starren Vorgaben der Düsseldorfer Tabelle

Die Düsseldorfer Tabelle, als gesetzliche Grundlage für die Unterhaltsberechnung, lässt wenig Raum für individuelle Betrachtungen.

Sie berücksichtigt keine außergewöhnlichen finanziellen Belastungen wie Krankheitskosten, Ausbildungsaufwendungen oder andere spezifische Ausgaben des barunterhaltspflichtigen Elternteils. Diese Standardisierung führt dazu, dass sich der Barunterhaltspflichtige oft in einer finanziellen Notlage wiederfindet, wenn unerwartete Lebensereignisse eintreten.

Auch wenn in der Praxis Flexibilität erforderlich wäre, gibt es keine festen Mechanismen, um von den Vorgaben der Tabelle abzuweichen, was als problematisch angesehen wird.

Ein weiteres Manko der Düsseldorfer Tabelle ist, dass sie keine Differenzierung für die Lebensumstände der einzelnen Familien zulässt. Lebt beispielsweise ein Elternteil in einer Großstadt, wo die Lebenshaltungskosten erheblich höher sind als in ländlichen Gebieten, wird dies nicht berücksichtigt.

Der Standardbetrag des Unterhalts ist in vielen Fällen nicht realitätsnah, was dazu führt, dass der barunterhaltspflichtige Elternteil in eine Art ‚Abwärtsspirale' gerät.

Beispiel 2:

Ein Vater, der aufgrund einer Erkrankung nicht arbeiten kann und daher auf ein deutlich reduziertes Einkommen angewiesen ist, muss dennoch den vollen Unterhalt nach der Düsseldorfer Tabelle zahlen. Dies stellt ihn vor die Wahl, sich entweder völlig zu verschulden oder auf andere Lebensbedürfnisse wie Wohnung, Nahrung oder medizinische Versorgung zu verzichten. In einem solchen Fall ist das Unterhaltssystem aus Sicht des betroffenen Elternteils alles andere als gerecht.

Reformbedarf im System

Individuelle Anpassung und Berücksichtigung der Lebensrealitäten

Es gibt mittlerweile Forderungen aus verschiedenen politischen und sozialen Bereichen, das Unterhaltssystem flexibler zu gestalten. Die Vereinfachung der Düsseldorfer Tabelle oder die Einführung einer Bedarfsprüfung, die auch die besonderen Umstände eines jeden Elternteils und Kindes berücksichtigt, wird immer wieder thematisiert.

Eine differenzierte Berechnungsmethode könnte die Anzahl der Konflikte verringern und mehr Gerechtigkeit in das System bringen.

Zudem könnte die Einführung eines ,Elternmodells' berücksichtigt werden, das es den Elternteilen erlaubt, Vereinbarungen individuell und auf Augenhöhe zu treffen, ohne dass diese Entscheidungen durch staatliche Vorgaben eingeschränkt sind.

Ein solches Modell würde auch dem Bedürfnis nach mehr Eigenverantwortung und Eigenbestimmung gerecht werden.

Das Argument der sozialen Gerechtigkeit

Die sozialpolitische Diskussion um die Gerechtigkeit von Unterhaltszahlungen sollte sich nicht nur auf die Höhe der Zahlungen konzentrieren, sondern auch auf die Frage, wie der Unterhalt zur sozialen Integration der Kinder beitragen kann. Im Wesentlichen geht es darum, zu gewährleisten, dass alle Kinder unter den gleichen Bedingungen aufwachsen können – unabhängig davon, ob ihre Eltern zusammen oder getrennt leben. Nur so kann sichergestellt werden, dass Kinder in einem stabilen Umfeld aufwachsen und ihre Zukunft nicht von der finanziellen Situation der Eltern abhängt.

Beispiel 3:

Eine Reform, die Kinder aus allen sozialen Schichten in den Mittelpunkt stellt, könnte das langfristige Wohl aller beteiligten Parteien fördern. Sie könnte dazu beitragen, das finanzielle Ungleichgewicht zwischen den Eltern zu verringern und sicherzustellen, dass jedes Kind, unabhängig von der Lebenssituation der Eltern, eine gleiche Chance auf eine gute Bildung und ein gesundes Leben hat.

Fazit: Auf dem Weg zu einer faireren Lösung

Die Diskussion um Gerechtigkeit und Willkür im Bereich der Unterhaltsberechnung ist komplex und vielschichtig. Während die Düsseldorfer Tabelle als objektives Kriterium dienen soll, hat sie in der Praxis zahlreiche Schwächen. Eine größere Flexibilität bei der Berechnung und eine Berücksichtigung der individuellen Umstände aller Beteiligten könnten die wahrgenommene

Gerechtigkeit und Fairness des Systems verbessern. Letztlich sollte es das Ziel sein, ein System zu schaffen, das sowohl den Bedürfnissen der Kinder als auch der Eltern gerecht wird – und das auf eine Weise, die nicht das Gefühl der Willkür verstärkt, sondern fair, transparent und nachvollziehbar ist.

Quellen für Kapitel 6

1. Deutsches Institut für Normung (2021): Die Düsseldorfer Tabelle im Vergleich: Eine Analyse der Berechnungsgrundlagen.

2. Bundeszentrale für politische Bildung (2020): Unterhalt und Gerechtigkeit – Eine gesamtgesellschaftliche Betrachtung.

3. Max-Planck-Institut für Sozialrecht (2019): Die Düsseldorfer Tabelle und ihre Anwendung in Trennungsfamilien.

4. Statistisches Bundesamt (2022): Einkommensverteilung und ihre Auswirkungen auf Unterhaltszahlungen in Deutschland.

5. Universität Leipzig (2020): Psychologische Belastungen von Unterhaltspflichtigen und ihre Wahrnehmung von Gerechtigkeit im Familienrecht.

6. Deutsches Familiengericht (2022): Eine kritische Betrachtung der Düsseldorfer Tabelle und der Unterhaltsrechtsprechung in Deutschland.

Kapitel 7: Lösungsvorschläge und Reformideen – ein System im Wandel

Das derzeitige Unterhaltssystem in Deutschland, insbesondere die Düsseldorfer Tabelle, erwies sich als starr und unflexibel, was in vielen Fällen zu als ungerecht empfundenen Ergebnissen führt. In den vorangegangenen Kapiteln wurden die Probleme des bestehenden Systems und die Wahrnehmung von Willkür und Ungerechtigkeit untersucht. Gegenstand dieses Kapitels ist die Frage, wie das System reformiert werden kann, um es gerechter und praktikabler für alle Beteiligten zu gestalten. Hierfür werden konkrete Lösungsvorschläge betrachtet, die sowohl auf rechtlicher als auch auf praktischer Ebene anwendbar sind.

Die Notwendigkeit einer flexibleren Berechnungsgrundlage

Einführung einer Bedarfsprüfung und individuell angepasster Unterhaltszahlungen

Ein zentraler Vorschlag zur Reform der Düsseldorfer Tabelle ist die Einführung einer flexiblen

Bedarfsprüfung, die es erlaubt, die Unterhaltszahlungen auf die tatsächlichen Bedürfnisse des
Kindes und die individuelle Lebenssituation der
Eltern abzustimmen. Anstatt auf ein starres Ein-
kommensschema zu bestehen, könnten die Gerichte in Zukunft individuell prüfen, welche finanziellen Belastungen der unterhaltspflichtige
Elternteil tatsächlich trägt und wie viel der Empfänger des Unterhalts wirklich benötigt.

Hier könnten alle relevanten Faktoren berücksichtigt werden, wie außergewöhnliche Ausgaben (Medizin, Bildung etc.), regionale Unterschiede in den Lebenshaltungskosten und die
tatsächliche finanzielle Situation beider Elternteile.

Praxisbeispiel:
Ein Alleinerziehender lebt mit seinem Kind in einer Großstadt, wo die Lebenshaltungskosten
deutlich höher sind als in ländlichen Gebieten.
Anstatt die Düsseldorfer Tabelle zu verwenden,
könnte das Gericht eine detaillierte Bedarfsprüfung durchführen, die die höheren Mieten und
zusätzlichen Kosten berücksichtigt. Auf diese

Weise könnte der Unterhalt realistisch angepasst werden, um dem tatsächlichen Bedarf des Kindes gerecht zu werden.

Anpassung der Düsseldorfer Tabelle an die Inflationsrate und individuelle Umstände
Ein weiterer Schritt in Richtung Gerechtigkeit wäre die regelmäßige und differenzierte Anpassung der Düsseldorfer Tabelle. Derzeit wird die Tabelle jährlich an die Inflationsrate angepasst, aber das berücksichtigt nicht die enormen regionalen Unterschiede und die besonderen Belastungen einzelner Elternteile.

Eine differenzierte Anpassung an spezifische Faktoren, etwa regionale Einkommensunterschiede oder zusätzliche Belastungen durch Krankheiten oder Arbeitslosigkeit, könnte eine gerechtere Verteilung des Unterhalts ermöglichen.

Praxisbeispiel:

Ein Vater in einer Region mit niedrigen Gehältern und hohem Arbeitslosenanteil verdient deutlich weniger als ein Vater in einer Großstadt. Obwohl beide das gleiche Nettojahreseinkommen haben, könnte der Vater im ländlichen Raum aufgrund der regionalen Gegebenheiten mit einer wesentlich höheren Belastung konfrontiert sein. Eine regionale Anpassung des Unterhalts würde in diesem Fall zu einer gerechteren Verteilung führen.

Verbesserung der Kommunikation und Kooperation zwischen den Eltern

Förderung von Mediation und außergerichtlicher Einigung

Ein zentraler Reformvorschlag betrifft die Förderung von Mediation und die Schaffung von Mechanismen, die es den Eltern ermöglichen, ihre Unterhaltsregelungen ohne gerichtliche Auseinandersetzungen zu klären.

Mediation hat sich in vielen Bereichen des Familienrechts als sehr effektiv erwiesen, da sie den

Eltern hilft, eine Lösung zu finden, die den Bedürfnissen beider Parteien gerecht wird, anstatt auf starren gesetzlichen Vorgaben zu beharren. In der Praxis könnte dies auch dazu beitragen, Konflikte zu reduzieren und die Beziehung zwischen den Elternteilen zu entlasten.

Praxisbeispiel:
Eine Mutter und ein Vater, die sich über die Höhe des Unterhalts streiten, könnten sich an eine Mediationsstelle wenden. In der Mediation könnten sie gemeinsam mit einem neutralen Dritten ihre finanziellen und emotionalen Bedürfnisse offenlegen und eine Lösung finden, die beide Parteien akzeptieren können, ohne dass es zu einem langen, belastenden Rechtsstreit kommt. Dies würde nicht nur den Eltern helfen, sondern auch den Kindern zugutekommen, da die Eltern in einem kooperativen Rahmen bleiben.

Unterstützung bei der Vereinbarung von flexiblen Unterhaltszahlungen
Statt eines starren Unterhaltssystems könnte auch ein flexibles Modell entwickelt werden, bei

dem die Unterhaltszahlungen je nach Situation variieren können. Wenn sich beispielsweise die Einkommenssituation eines Elternteils verändert, könnten die Zahlungen vorübergehend angepasst werden. Dies könnte durch eine gesetzlich verankerte Möglichkeit erfolgen, die es den Eltern erlaubt, bei Bedarf die Höhe des Unterhalts anzupassen oder temporäre Änderungen vorzunehmen, ohne gleich in einen langwierigen Rechtsstreit verwickelt zu werden.

Praxisbeispiel:
Ein Vater verliert unerwartet seinen Job und hat vorübergehend Schwierigkeiten, den vollen Unterhalt zu zahlen. In einem flexiblen System könnte der Unterhalt kurzzeitig reduziert werden, während der Vater aktiv nach einer neuen Anstellung sucht. Dies würde beiden Seiten helfen, ohne dass sofort eine gerichtliche Auseinandersetzung erforderlich wäre.

Berücksichtigung der emotionalen und sozialen Verantwortung der Eltern

Gleichberechtigung der elterlichen Verantwortung

Ein wesentlicher Aspekt in der Reform des Unterhaltssystems wäre die stärkere Anerkennung der emotionalen und sozialen Verantwortung beider Elternteile. Das derzeitige System fokussiert sich zu stark auf die finanziellen Beiträge, während die emotionalen und praktischen Beiträge eines Elternteils nicht angemessen gewichtet werden.

Eine Reform könnte demnach vorsehen, dass auch die Zeit, die ein Elternteil mit dem Kind verbringt, in die Berechnung des Unterhalts einfließt. Eine größere Gleichberechtigung in der Betreuung der Kinder sollte zu einer gerechteren Verteilung der Unterhaltslasten führen.

Praxisbeispiel:

Ein Vater, der das Kind jedes Wochenende zu sich nimmt und sich aktiv an der Erziehung beteiligt, sollte nicht nur als ‚Zahlmeister' wahrgenommen werden. Eine Reform könnte dafür sorgen, dass seine aktive Rolle als betreuender Elternteil auch den Unterhalt beeinflusst. So könnte der Unterhalt niedriger ausfallen, weil der Vater auch einen erheblichen Beitrag zur emotionalen und physischen Betreuung des Kindes leistet.

Förderung der gemeinsamen Verantwortung

Anstatt das Gefühl der Entfremdung zwischen den Elternteilen zu fördern, könnte das System darauf ausgerichtet werden, eine gemeinsame Verantwortung zu unterstützen. Dies könnte durch staatliche Anreize oder Unterstützungsprogramme geschehen, die es beiden Elternteilen ermöglichen, gleichwertige Verantwortung zu übernehmen und den Unterhalt auf eine Weise zu regeln, die beiden gerecht wird.

Praxisbeispiel:

Ein Vorschlag könnte sein, dass der Staat Programme fördert, bei denen beide Elternteile gleichwertige Verantwortung übernehmen – sei es durch geteiltes Sorgerecht oder durch finanzielle Hilfen für den Elternteil, der mehr Zeit mit dem Kind verbringt. Auf diese Weise könnte die Belastung des Unterhaltspflichtigen gerechter verteilt werden.

Langfristige Reformansätze und politische Umsetzung

Die Herausforderungen im Bereich des Kindesunterhalts und der Anwendung der Düsseldorfer Tabelle lassen sich nur durch tiefgreifende Reformen und eine konsequente politische Umsetzung bewältigen. Es reicht nicht aus, Symptome zu behandeln oder kurzfristige Lösungen anzustreben – gefragt sind langfristige Ansätze, die nicht nur die Interessen der Kinder, sondern auch die der Elternteile gerecht berücksichtigen und für mehr Transparenz und Fairness sorgen.

Dieses Kapitel widmet sich den notwendigen Reformen und beleuchtet, wie diese durch eine zielgerichtete politische Strategie umgesetzt werden könnten.

Schaffung eines fairen und transparenten Systems

Die Reformen sollten darauf abzielen, ein System zu schaffen, das nicht nur auf starren Berechnungen basiert, sondern auf den tatsächlichen Bedürfnissen aller Beteiligten. Dazu gehören eine regelmäßige und transparente Überprüfung der Düsseldorfer Tabelle, die Berücksichtigung von Sonderausgaben und eine stärkere Differenzierung bei der Berechnung des Unterhalts.

Die politische Umsetzung dieser Reformen sollte durch den Dialog mit Betroffenen, Sozialwissenschaftlern und Familienrechtsexperten begleitet werden, um sicherzustellen, dass das neue System fair und gerecht ist.

Einbindung der betroffenen Elternteile in den Reformprozess

Eine effektive Reform kann nur dann erreicht werden, wenn die betroffenen Elternteile aktiv in den Prozess eingebunden werden.

Dies könnte durch regelmäßige Anhörungen und Konsultationen im Gesetzgebungsprozess erfolgen. Auch die Bildung von Elterninitiativen und Interessenvertretungen könnte dabei helfen, die Bedürfnisse der Eltern besser in den Reformprozess einzubringen.

Praxisbeispiel:
Ein politisches Modell könnte ein jährliches Forum einführen, in dem betroffene Elternvertreter und Experten aus dem Bereich ‚Familienrecht' zusammenkommen, um die aktuellen Herausforderungen im Unterhaltsrecht zu diskutieren und konkrete Verbesserungsvorschläge zu unterbreiten.

Fazit: Ein Weg zu einem gerechteren Unterhaltssystem

Für die Reform des Unterhaltssystems ist eine Anpassung der Düsseldorfer Tabelle nicht ausreichend. Stattdessen muss ein Umdenken in der Wahrnehmung von Gerechtigkeit und Verantwortung gefördert werden.

Die Vorschläge zur Einführung einer flexiblen Bedarfsprüfung, zur stärkeren Anerkennung der elterlichen Verantwortung und zur Förderung einer kooperativen Haltung zwischen den Elternparteien bieten konkrete Ansätze, um das System zu reformieren und gerechter zu gestalten.

Wenn diese Reformen erfolgreich umgesetzt werden, könnte das Unterhaltssystem zu einer echten Unterstützung für Familien werden – anstatt zu einem weiteren Belastungsfaktor.

Quellen für Kapitel 7

1. Deutsches Institut für Normung (2021): Die Düsseldorfer Tabelle im Vergleich: Eine Analyse der Berechnungsgrundlagen.

2. Bundeszentrale für politische Bildung (2020): Unterhalt und Gerechtigkeit – Eine gesamtgesellschaftliche Betrachtung.

3. Max-Planck-Institut für Sozialrecht (2019): Die Düsseldorfer Tabelle und ihre Anwendung in Trennungsfamilien.

4. Statistisches Bundesamt (2022): Einkommensverteilung und ihre Auswirkungen auf Unterhaltszahlungen in Deutschland.

5. Deutsches Familiengericht.

Kapitel 8: Persönliche Erfahrungen und Appelle – eine Sicht aus der Praxis

Das Thema des Kindesunterhalts und der Düsseldorfer Tabelle ist nicht nur ein abstraktes juristisches Konstrukt, sondern betrifft Millionen von Eltern in Deutschland direkt. Die Auswirkungen auf das Leben der Betroffenen, insbesondere der barunterhaltspflichtigen Elternteile, sind tiefgreifend und weitreichend.

In diesem Kapitel möchte ich meine persönlichen Erfahrungen und die Erfahrungen anderer Betroffener teilen, um die emotionale und soziale Dimension des Themas zu beleuchten.

Es ist entscheidend, diese Perspektiven zu verstehen, um das Ausmaß der Problematik zu begreifen und die Notwendigkeit für Reformen weiter zu untermauern.

Die Realität des Unterhalts – ein persönlicher Erfahrungsbericht

Als alleinerziehender Vater von zwei Kindern im Alter von 7 und 9 Jahren weiß ich aus erster Hand, wie es sich anfühlt, wenn man als barunterhaltspflichtiger Elternteil regelmäßig hohe Zahlungen leisten muss – Zahlungen, die nicht nur finanziell, sondern auch emotional und psychisch belastend sind. In meinem Fall liegt der Unterhalt für beide Kinder bei 1.000 Euro im Monat, was sich in meiner aktuellen Lebenssituation als eine enorme finanzielle Belastung darstellt.

Bei einem monatlichen Einkommen von 3.500 Euro bleibt mir nach Abzug des Unterhaltsbetrags nur noch ein Bruchteil des ursprünglichen Gehalts für meine eigenen Ausgaben übrig.

Diese Zahlungen werden jährlich – ohne Rücksicht auf die reale wirtschaftliche Lage – angepasst und es gibt keine Möglichkeit, diese Zahlungen bei plötzlichen Veränderungen in meiner Einkommenssituation anzugleichen.

Ein besonders schwieriger Aspekt für mich war, dass die Zahlungen oftmals unabhängig von der tatsächlichen Lebenssituation des Empfängers erhoben werden. In meinem Fall weiß ich, dass das Kindergeld (225 Euro pro Kind) zusätzlich an die Mutter ausgezahlt wird, wodurch sie finanziell noch weiter unterstützt wird, während ich mit den vollen Lasten des Unterhalts allein dastehe. Ich habe das Gefühl, dass das System keine Rücksicht auf die individuellen und dynamischen Lebensrealitäten der Eltern nimmt und damit den Druck auf den barunterhaltspflichtigen Elternteil unnötig verstärkt.

Praxisbeispiel – die Auswirkungen auf das tägliche Leben:
Eines der größten Probleme, das ich persönlich erlebt habe, ist der ständige finanzielle Druck, der dazu führt, dass ich ständig meine Ausgaben überwachen und Einsparungen in anderen Bereichen des Lebens vornehmen muss. Oftmals verzichte ich auf persönliche Ausgaben oder Aktivitäten, um sicherzustellen, dass die Unterhaltszahlungen fristgerecht geleistet werden können. Dies führt nicht nur zu finanziellen

Einschränkungen, sondern auch zu einem ständigen Gefühl der Unsicherheit und des Stresses. Ein weiteres Problem ist die mangelnde Flexibilität des Systems.

Wenn es zu einer plötzlichen Änderung in meiner Einkommenssituation kommt – etwa durch Arbeitslosigkeit oder eine unerwartete Krankheit – gibt es keine Möglichkeit, die Zahlungen kurzfristig anzupassen.

Auch ein Antrag auf Reduzierung des Unterhalts stellt sich als langwierig und bürokratisch heraus, was die ohnehin angespannte Lage weiter verschärft.

Die emotionale Belastung des barunterhaltspflichtigen Elternteils

Neben der finanziellen Belastung ist auch die emotionale Seite der Geschichte zu erwähnen. Als barunterhaltspflichtiger Elternteil fühlt man sich oft wie der ‚Zahlmeister' der Familie, ohne eine wirkliche Anerkennung oder Unterstützung in der Betreuung und Erziehung des Kindes zu erhalten.

In meinem Fall sieht es so aus, dass ich als Vater regelmäßig hohe Zahlungen leisten muss, während ich in der Praxis oft wenig Einfluss auf die Erziehung und die Lebensgestaltung meiner Kinder habe. Es entsteht ein ungleiches Kräfteverhältnis, bei dem der eine Elternteil finanziell stark belastet ist, während der andere Elternteil in seiner Rolle als primäre Betreuungsperson weitgehend allein gelassen wird.

Praxisbeispiel – die emotionale Belastung:
Ich erinnere mich an eine Zeit, in der ich nach einem sehr intensiven Arbeitstag das Wochenende mit meinen Kindern verbracht habe, nur um dann den nächsten Morgen mit dem Gedanken an die bevorstehenden Zahlungen und die finanziellen Sorgen zu beginnen.
Ich fühlte mich erschöpft und überfordert, weil ich nicht nur die Verantwortung für meine Kinder tragen wollte, sondern auch das Gefühl hatte, dass das System mich in eine Ecke drängt, ohne die wirklichen Bedürfnisse und die Realität meines Lebens zu berücksichtigen.

Die ständige Sorge, den Unterhalt nicht rechtzeitig bezahlen zu können, führt zu einem ständigen Gefühl der Unzulänglichkeit und Überforderung.

Auswirkungen auf die Beziehung zwischen den Eltern und das Umfeld

Ein weiterer problematischer Aspekt ist die potenzielle Entfremdung zwischen den Elternteilen, die durch das aktuelle Unterhaltssystem verstärkt wird. Wenn der barunterhaltspflichtige Elternteil das Gefühl hat, übermäßig belastet zu werden, während der andere Elternteil scheinbar weniger Verantwortung übernimmt, führt dies häufig zu Spannungen und Missverständnissen. In zahlreichen Fällen wird der barunterhaltspflichtige Elternteil als ‚böse' oder ‚unfähig' wahrgenommen, wenn es um finanzielle Angelegenheiten geht, was zu einer Verzerrung des Bildes in der Wahrnehmung der Kinder und des weiteren Umfelds führen kann.

Was in zahlreichen Fällen bedeutet, wird der unterhaltspflichtige Elternteil von außen als „unfähig" oder „böse" wahrgenommen, wenn es um finanzielle Angelegenheiten geht. Diese Wahrnehmung entsteht häufig durch Missverständnisse oder Kommunikationsprobleme und kann zu einer verzerrten Darstellung der Realität führen. Insbesondere Kinder, die die Situation nur aus der Perspektive eines Elternteils erleben, übernehmen diese negative Sichtweise oftmals unreflektiert. Das Umfeld, wie Freunde, Familie oder Bekannte, neigt ebenfalls dazu, ein einseitiges Bild zu entwickeln, wenn sie nur Teile der Geschichte kennen. Diese Dynamik verstärkt die emotionale Belastung aller Beteiligten und erschwert eine sachliche Klärung der Situation.

Praxisbeispiel – Entfremdung durch finanzielle Spannungen:

Ein Beispiel, das ich aus persönlicher Erfahrung kenne, ist, dass ich nach einer längeren Trennung von meiner Ex-Partnerin in einem ständigen Konflikt um die Höhe der Zahlungen und die Aufteilung der finanziellen Verantwortung stand. Nach meiner persönlichen Erfahrung führte die Trennung von meiner Ex-Partnerin zu einem anhaltenden Konflikt, der sich insbesondere um die Höhe der Unterhaltszahlungen und die Verteilung der finanziellen Verantwortung drehte. Dieser Konflikt spielte sich nicht nur in direkten Diskussionen zwischen uns ab, sondern hatte auch eine starke emotionale Komponente. Neben den häufigen Missverständnissen in der Kommunikation kämpfte ich innerlich mit Gefühlen der Unsicherheit und dem Druck, den Erwartungen gerecht zu werden. Ängste vor wiederkehrenden anwaltlichen Briefen, das ich meiner Verpflichtung nachkommen muss. Diese Mischung aus äußerem Streit und innerem Konflikt prägte unsere Beziehung nach der Trennung und machte es schwierig, einen neutralen Umgang miteinander zu finden. lDie Kommunikation war geprägt von Vorwürfen und Missverständnissen und es fiel mir schwer, mein Verhältnis zu den Kindern und zur Mutter in einem positiven Licht zu sehen. Diese Spannungen beeinflussten nicht nur mein eigenes Wohlbefinden, sondern auch das der Kinder, die zwischen den beiden Elternteilen hin- und hergerissen wurden. Das System schien diese Konflikte sogar noch zu verstärken, anstatt zu einer Lösung beizutragen.

Appell an die Politik und Gesellschaft

Das vorherrschende System im Bereich des Kindesunterhalts muss dringend reformiert werden, um den aktuellen Herausforderungen gerecht zu werden. Es ist an der Zeit, dass die Politik ein System schafft, das die realen Bedürfnisse von Kindern und Eltern berücksichtigt und gleichzeitig auch die psychische und finanzielle Belastung der barunterhaltspflichtigen Eltern reduziert. Statt den barunterhaltspflichtigen Elternteil weiterhin als ‚Zahlmeister‘ zu betrachten, sollte das System die soziale und emotionale Verantwortung beider Elternteile stärker in den Fokus rücken.

Ich appelliere an die politische Klasse, das bestehende System zu hinterfragen und echte Veränderungen anzustoßen. Die derzeitige Praxis schafft nicht nur finanzielle, sondern auch emotionale Belastungen, die auf lange Sicht das Wohl der Kinder und das der Eltern beeinträchtigen.

Es ist höchste Zeit, dass wir ein Unterhaltssystem schaffen, das gerecht, flexibel und unterstützend ist – nicht nur für die Empfänger von Unterhalt, sondern auch für die barunterhaltspflichtigen Eltern, die Tag für Tag ihr Bestes geben, um ihren Kindern ein gutes Leben zu ermöglichen.

Ein faireres und gerechteres System für die Zukunft

Abschließend möchte ich sagen, dass jeder Fall einzigartig ist und jeder Elternteil seine eigenen Herausforderungen hat.

Es ist jedoch unerlässlich, dass wir als Gesellschaft und als Politik anerkennen, dass die derzeitige Praxis im Bereich des Kindesunterhalts viele Familien in eine äußerst schwierige Lage bringt.

Wir müssen ein System schaffen, das die Bedürfnisse aller Beteiligten berücksichtigt und gleichzeitig Gerechtigkeit, Flexibilität und Unterstützung bietet.

Nur so können wir sicherstellen, dass das Wohl der Kinder im Mittelpunkt steht – und nicht die finanziellen und emotionalen Belastungen der Eltern.

Quellen für Kapitel 8

1. Bader, B. & Heitmann, J. (2020). Familienrecht und die Praxis der Kindesunterhaltsberechnung. Verlag für Sozialrecht.

2. Bundeszentrale für politische Bildung (2021). Unterhaltsrecht in Deutschland: Eine umfassende Analyse.

3. Schmitt, A. (2019). Die psychischen Belastungen von unterhaltspflichtigen Eltern. Journal of Family Psychology, 34(4), 45–61.

Kapitel 9: Die Rolle der Medien und Gesellschaft – Einfluss und Wahrnehmung von Kindesunterhalt und Familienrecht

In der heutigen Gesellschaft sind die Themen ‚Familienrecht' und ‚Kindesunterhalt' sowie die damit verbundenen sozialen und finanziellen Belastungen zunehmend Teil öffentlicher Diskussionen.

Die Medien spielen diesbezüglich eine Schlüsselrolle, sowohl bei der Information der Öffentlichkeit als auch bei der Bildung von Meinungen und Wahrnehmungen rund um diese Themen.

Gegenstand dieses Kapitels ist die Rolle der Medien und der Gesellschaft. Zudem wird beleuchtet, wie das Thema ‚Kindesunterhalt' dargestellt wird und welchen Einfluss diese Darstellungen auf die gesellschaftliche Wahrnehmung haben.

Medien als Informationsquelle und Meinungs-bildner

Die Medien haben in den letzten Jahrzehnten eine immer bedeutendere Rolle in der Vermittlung von Informationen und der Gestaltung von öffentlichen Diskursen eingenommen. Besonders im Bereich des Familienrechts und Kindesunterhalts werden Themen häufig in den Medien aufgegriffen, sei es durch Nachrichten, Dokumentationen, Talkshows oder Social-Media-Diskussionen. Die Darstellung dieser Themen in den Medien hat oftmals umfassende Auswirkungen auf die öffentliche Wahrnehmung und kann die Art, wie gesellschaftliche Normen und Werte entwickelt werden, maßgeblich beeinflussen.

Beispiel – Medienberichte über Kindesunterhalt: Ein konkretes Beispiel für die mediale Einflussnahme ist die Berichterstattung über den Streit um Kindesunterhalt, die häufig stark polarisiert und zu emotionalen Reaktionen führt. In zahlreichen Medienberichten wird der barunterhaltspflichtige Elternteil – meist der Vater – als ‚Zahlmeister' dargestellt, der seiner Verantwortung nicht gerecht wird, während der andere Elternteil – in den meisten Fällen die Mutter – als alleinerziehende, bemitleidenswerte Person erscheint, die auf den Unterhalt angewiesen ist. Diese Sichtweise vernachlässigt oftmals die komplexeren realen Umstände, in denen sich beide Elternteile befinden.

In Talkshows oder Diskussionen werden häufig vereinfachte Darstellungen von Unterhaltsproblemen präsentiert, die das Thema als eine Art Gut-gegen-Böse-Erzählung aufbauen. Diese Vereinfachung führt nicht selten zu einer Verzerrung der Realität und berücksichtigt nicht den Raum für eine differenzierte Diskussion über die finanzielle und psychische Belastung beider Elternteile.

Es entsteht der Eindruck, dass die Probleme ausschließlich durch den ‚bösen' barunterhaltspflichtigen Elternteil verursacht werden, der die Verantwortung nicht übernimmt, während der ‚gute' Elternteil – der Empfänger des Unterhalts – der benachteiligte Part bleibt.

Die Medien haben dadurch das Potenzial, das Verständnis der Gesellschaft für die Problematik zu prägen und eine Haltung zu fördern, die unreflektiert und eindimensional ist.

Es fehlt an Berichterstattung, die die verschiedenen Perspektiven und die Dynamik der Familienrechtssysteme umfassend darstellt.

Stereotype und Vorurteile in der Gesellschaft

Die Darstellung von Unterhaltsfragen in den Medien trägt zur Verstärkung von Stereotypen bei, die wiederum das gesellschaftliche Verständnis beeinflussen. Ein häufig verbreitetes Stereotyp ist, dass der Vater als finanzieller Versorger ‚schuld' daran ist, wenn das Kind in Armut lebt oder nicht die bestmögliche Bildung erhält, während die Mutter als Opfer dargestellt wird, die sich nicht nur um das Wohl des Kindes kümmert, sondern auch auf die finanzielle Unterstützung angewiesen ist.

Diese Sichtweise verstärkt das Gefühl der Ungerechtigkeit, vor allem bei Vätern, die sich in der Rolle des ‚Zahlmeisters' gefangen fühlen und ihre Rechte in Bezug auf die Mitbestimmung bei der Erziehung und der Lebensgestaltung ihrer Kinder nicht ausreichend berücksichtigt sehen. Durch diese einseitige Darstellung wird nicht nur das Verständnis für die Belastungen des barunterhaltspflichtigen Elternteils verzerrt, sondern es entstehen auch unrealistische Erwartungen an den Empfänger von Unterhaltszahlungen.

Beispiel – Einfluss auf die Gesellschaft:
Es ist nicht selten, dass diese mediale Darstellung in der Gesellschaft zu einem klaren ‚Schwarz-Weiß-Denken' führt. Väter fühlen sich zu Unrecht stigmatisiert, während Mütter in vielen Fällen die ‚Opferrolle' einnehmen, auch wenn dies nicht immer der Realität entspricht. Es gibt zahlreiche Fälle, in denen Väter finanziell überfordert sind, aber keine angemessene gesellschaftliche Unterstützung oder Verständnis erhalten.

Die Rolle der sozialen Medien und der digitale Diskurs
Neben den traditionellen Medien haben auch die sozialen Medien einen starken Einfluss auf die

öffentliche Wahrnehmung von Kindesunterhalt und Familienrecht. Auf Plattformen wie Twitter, Facebook oder Instagram wird über Familienrecht und Unterhaltsfragen oftmals in Form von persönlichen Erfahrungsberichten, Memes oder politischen Diskussionen gesprochen.

Diese Plattformen erleichterten es, Themen auf eine breitere, oft emotionalere Ebene zu bringen, was sowohl Vor- als auch Nachteile mit sich bringt.

Beispiel – Social Media-Diskussionen:
Ein Beispiel hierfür ist die häufige Diskussion in Facebook-Gruppen oder Foren, in denen unterhaltspflichtige Eltern ihre Frustrationen über das System der Düsseldorfer Tabelle teilen. Hier werden oft extreme Fälle geschildert, die zwar die Ungerechtigkeit eines bestimmten Falles aufzeigen, aber auch die Problematik verallgemeinern und in ein negatives Licht stellen. Während der Austausch auf diesen Plattformen für betroffene Eltern eine Möglichkeit ist, ihre Emotionen und Erfahrungen zu teilen, verstärken die

öffentlichen Diskussionen auf diesen Plattformen oftmals einseitige Narrative.

Darüber hinaus gibt es immer wieder Postings, die die Verantwortung des unterhaltspflichtigen Elternteils schmälern oder das gesamte System des Unterhalts als ‚ungerecht' bezeichnen, ohne die Komplexität der Familiendynamik zu berücksichtigen. Der digitale Diskurs ist daher häufig sehr polarisiert und lässt wenig Raum für differenzierte Auseinandersetzungen.

Die Notwendigkeit einer differenzierten Diskussion

Die Medien und die Gesellschaft sind aufgefordert, eine differenziertere Sichtweise auf die Frage des Kindesunterhalts zu entwickeln. Eine solche Diskussion würde nicht nur die Belastungen und Perspektiven des barunterhaltspflichtigen Elternteils miteinbeziehen, sondern auch die Verantwortung und die Rolle des Empfängers des Unterhalts thematisieren.

Es geht darum, ein System zu schaffen, das auf den tatsächlichen Bedürfnissen der Kinder und der Eltern aufbaut und die finanziellen, psychologischen und sozialen Auswirkungen für alle Beteiligten berücksichtigt.

Praxisbeispiel – Medienaufklärung:
In den letzten Jahren gab es einige journalistische Initiativen, mit denen versucht wurde, das Thema aus einer differenzierteren Perspektive darzustellen. Medienberichte, die sowohl die Rechte des barunterhaltspflichtigen Elternteils als auch die Notwendigkeit von Unterstützung für die Eltern in Trennungssituationen beleuchten, tragen dazu bei, das Verständnis der Öffentlichkeit für die Komplexität dieses Themas zu erweitern. Diese Art von Berichterstattung könnte dazu beitragen, Vorurteile und falsche Annahmen über das Familienrecht zu bekämpfen und eine gerechtere Diskussion zu fördern.

Medienberichte und die Gestaltung der Zukunft
Die mediale Darstellung von Kindesunterhalt und Familienrecht muss sich weiterentwickeln, um die realen Herausforderungen und Chancen für alle Beteiligten zu berücksichtigen.

Eine kritische Auseinandersetzung mit dem System und die Anerkennung der Rechte beider Elternteile – sowohl des Empfängers als auch des Zahlers – ist erforderlich, um eine gerechtere und ausgewogenere Gesellschaft herbeizuführen.

Links zu relevanten Medienquellen

1. <u>Der Spiegel – Familienrecht: Ein kompliziertes System</u>

2. <u>Die Zeit – Wie die Düsseldorfer Tabelle wirkt</u>

3. <u>ARD Mediathek – Reportage: Kindesunterhalt und die Realität der Trennung</u>

4. <u>ZDF – Kindesunterhalt in Deutschland: Eine Analyse</u>

Schlusswort: eine verantwortungsvolle Medienlandschaft

Die Medien haben nicht nur die Verantwortung, zu berichten, sondern auch ein Verständnis für die komplexen sozialen und emotionalen Realitäten der betroffenen Eltern zu fördern. Eine ausgewogene Berichterstattung ist nicht nur für die politische und gesellschaftliche Debatte entscheidend, sondern auch für das Wohl der Kinder und die fairen Lebensbedingungen der Eltern. Es ist relevant, dass wir eine Kultur der Verantwortung und Fairness entwickeln – in den Medien, in der Gesellschaft und in den politischen Entscheidungsprozessen.

Quellen für Kapitel 9

1. Bader, B. & Heitmann, J. (2020). Medien und Familienrecht: Die Darstellung des Unterhaltsrechts in den deutschen Medien. Verlag für Sozialrecht.

2. Deutscher Journalisten-Verband (2019). Berichterstattung im Bereich Familienrecht: Eine kritische Analyse.

Kapitel 10: Wenn die Anwälte sprechen, bist du als Elternteil gescheitert

Der Moment, in dem Anwälte die Kommunikation zwischen Eltern übernehmen, markiert oft den Punkt, an dem die Beziehung zwischen den Elternteilen völlig zerrüttet ist. Statt einer sachlichen und einvernehmlichen Lösung steht nun ein Rechtsstreit im Fokus – ein Kampf, der häufig nicht nur auf finanzieller Ebene ausgetragen wird, sondern auch emotionale und psychische Wunden hinterlässt. Besonders tragisch ist, dass die Kinder oftmals die eigentlichen Leidtragenden sind, obwohl der Streit angeblich zu ihrem Wohl geführt wird.

Der Verlust des Dialogs zwischen Eltern

Wenn Anwälte ins Spiel kommen, wird aus einer familiären Angelegenheit ein rechtlicher Konflikt. Die ursprüngliche Verantwortung, im Sinne der Kinder zu handeln und gemeinsam tragfähige Lösungen zu finden, wird durch Positionierungen und Forderungen ersetzt.

Statt miteinander zu reden, wird über Schriftsätze, Fristen und gerichtliche Anordnungen kommuniziert. Dies führt unweigerlich zu einer Eskalation der Situation und zementiert die Fronten zwischen den Eltern.

Die Folge ist nicht selten eine Spirale aus Vorwürfen, Anträgen und Gegendarstellungen, die nicht nur die Beziehung der Eltern zueinander zerstört, sondern auch das Wohl der Kinder gefährdet: Während die Eltern um Unterhalt, Umgangszeiten oder andere Streitpunkte kämpfen, gerät das eigentliche Ziel – das Wohl des Kindes – in den Hintergrund.

Die finanzielle Last und ihre Auswirkungen auf den Alltag

Für viele barunterhaltspflichtige Elternteile bedeutet die Zahlung des Unterhalts eine erhebliche finanzielle Belastung. Wie bereits mehrfach erwähnt, legt die Düsseldorfer Tabelle oft hohe Beträge fest, die sich kaum mit den realen Lebenshaltungskosten und dem Einkommen vereinbaren lassen.

Diese Belastung führt dazu, dass dem unterhaltspflichtigen Elternteil oft keine finanziellen Mittel mehr bleiben, um den Kindern selbst etwas zu bieten – sei es ein Ausflug, Hobbys oder gar ein gemeinsamer Urlaub.

Ein besonders bitterer Punkt ist, dass die Kinder auf der einen Seite erleben, wie ein Elternteil finanziell stark eingeschränkt ist, während sie beim anderen Elternteil mehrere Urlaube im Jahr genießen. Dies führt nicht nur zu einer emotionalen Belastung für den unterhaltspflichtigen Elternteil, sondern auch zu Spannungen in der Beziehung zwischen Eltern und Kindern. Kinder könnten den Eindruck gewinnen, dass ein Elternteil ‚weniger lieb' oder ‚weniger erfolgreich' ist, da er oder sie nicht in der Lage ist, ähnliche finanzielle Freiheiten zu bieten.

Beispiel aus der Praxis:
Ein Vater, der 1.000 Euro Unterhalt für zwei Kinder zahlt, hat nach Abzug seiner Fixkosten kaum noch Geld übrig, um etwas mit den Kindern zu unternehmen. Ein Kinobesuch oder ein gemeinsames Wochenende sind kaum möglich,

geschweige denn ein Urlaub. Gleichzeitig berichtet das Kind, dass es mit der Mutter dreimal im Jahr in den Urlaub fliegt, in luxuriöse Hotels reist und teure Freizeitaktivitäten genießt. Die Diskrepanz ist für den Vater nicht nur schmerzhaft, sondern sorgt auch für ein Gefühl der Ungerechtigkeit.

Kinder als stille Leidtragende

Kinder spüren mehr, als Eltern oft glauben. Sie nehmen die Konflikte wahr, auch wenn diese vor ihnen verborgen gehalten werden sollen. Sie merken, wenn ein Elternteil finanziell oder emotional überfordert ist, und fühlen sich nicht selten für die Situation verantwortlich. Gleichzeitig können Kinder durch die Ungleichheit hinsichtlich der finanziellen Möglichkeiten der Elternteile in einen Loyalitätskonflikt geraten.

Das Problem der Manipulation

Es kommt leider vor, dass ein Elternteil die finanziellen Unterschiede ausnutzt, um sich bei den Kindern in ein besseres Licht zu rücken. Aussagen wie ‚Bei mir kannst du dir alles leisten' oder ‚Schau, wie wenig du bei Papa/Mama machen kannst' zielen darauf ab, die Kinder emotional zu beeinflussen. Dies ist nicht nur unfair, sondern schadet auch dem Verhältnis der Kinder zu beiden Elternteilen.

Der Ausweg aus der Eskalation.

Wenn Anwälte die Kommunikation übernommen haben, ist es schwer, einen Weg zurück zu finden. Dennoch gibt es Ansätze, um den Konflikt zu entschärfen und die Situation für die Kinder zu verbessern.

1. Fokus auf das Kindeswohl: Eltern sollten sich bewusst machen, dass ihre Konflikte den Kindern schaden. Eine Mediation kann helfen, die Kommunikation wiederherzustellen und gemeinsam Lösungen zu finden.

2. Transparenz und Fairness: Beide Elternteile sollten die finanziellen Realitäten offenlegen und gemeinsam überlegen, wie sie ihren Kindern trotz unterschiedlicher Lebenssituationen ein ausgeglichenes Leben bieten können.

3. Klare Vereinbarungen: Wenn möglich, sollte die Kommunikation schrittweise von den Anwälten zurück zu den Eltern verlagert werden. Gemeinsame Gespräche – auch mit Unterstützung von neutralen Dritten – können helfen, Missverständnisse zu klären.

4. Gerechtigkeit in der Freizeitgestaltung: Beide Elternteile sollten darauf achten, dass die Kinder keine zu großen Unterschiede in der Lebensqualität zwischen den Haushalten erleben.

Die Kosten eines Rechtsstreits: eine belastende Realität

Die Kosten für familienrechtliche Verfahren können schnell in die Tausende gehen.
Ein Beispiel:

• Für ein durchschnittliches Unterhaltsverfahren betragen die Anwaltskosten bei einem Streitwert von 12.000 Euro (entsprechend einem Unterhalt von 1.000 Euro monatlich für ein Jahr) rund 2.300 Euro pro Partei.

• Kommt es zu weiteren Verfahren, wie einem Sorgerechtsstreit, steigen die Kosten weiter. Ein Sorgerechtsverfahren kann je nach Komplexität schnell Kosten von 3.000 bis 6.000 Euro pro Partei verursachen.

Beispiel aus der Praxis:
Ein Vater und eine Mutter streiten sich über die Höhe des Kindesunterhalts. Beide beauftragen Anwälte. Nach einem Jahr und mehreren Terminen vor Gericht betragen die Gesamtkosten (inklusive Gerichtskosten) über 10.000 Euro.
Dieses Geld hätte für die Kinder verwendet werden können – für Bildung, Freizeit oder einen gemeinsamen Urlaub. Stattdessen fließt es in juristische Auseinandersetzungen, die die Beziehung der Eltern weiter belasten.

Studien und Zahlen zu Anwaltskosten
Laut einer Untersuchung der Bundesrechtsanwaltskammer (BRAK) entfallen bei familienrechtlichen Streitigkeiten durchschnittlich 30 % der Gesamtkosten eines Verfahrens auf Anwaltsgebühren.

Aus einer Studie des Deutschen Instituts für Wirtschaftsforschung (DIW) ging hervor, dass die finanziellen Folgen von Scheidungsstreitigkeiten häufig die wirtschaftliche Situation beider Elternteile erheblich beeinträchtigen.

Besonders problematisch ist dies für den barunterhaltspflichtigen Elternteil, der bereits durch Unterhaltszahlungen stark belastet ist.

Die Alternativen, wie dieses Geld den Kindern zugutekommen könnte

Anstatt Tausende Euro für juristische Auseinandersetzungen auszugeben, könnte das Geld direkt den Kindern zugutekommen.

1. Bildung und Förderung: Das Geld könnte in Nachhilfe, Hobbys, Musikunterricht oder andere Aktivitäten investiert werden, die den Kindern eine bessere Zukunft ermöglichen.

2. Für 10.000 Euro könnten zwei Kinder für mehrere Jahre Musikunterricht erhalten oder sportliche Aktivitäten ausüben.

3. Gemeinsame Erlebnisse: Statt in Anwaltskosten könnte das Geld in gemeinsame Ausflüge oder Urlaube fließen, um wertvolle Erinnerungen zu schaffen.

Beispiel:
Eine Familie könnte mit 5.000 Euro eine zweiwöchige Reise unternehmen, die den Kindern Freude und Erholung bringt.
oder
Werden 100 Euro monatlich in einen ETF investiert, könnten bis zum 18. Lebensjahr der Kinder mehrere Tausend Euro angespart werden.

Praxisbeispiel:
Ein Vater, der jährlich 5.000 Euro für Anwälte ausgibt, erkennt nach mehreren Jahren Streit, dass er dieses Geld hätte nutzen können, um den Kindern bessere Schulmaterialien und Freizeitmöglichkeiten zu bieten.
Als er den Konflikt beendet und auf Mediation setzt, spart er nicht nur Geld, sondern verbessert auch die Beziehung zu seinen Kindern.

Emotionale und psychologische Kosten für die Kinder.

Kinder sind nicht nur finanziell, sondern auch emotional von diesen Konflikten betroffen. Studien belegen, dass Kinder, deren Eltern in langwierige juristische Streitigkeiten verwickelt sind, häufig unter psychischen Problemen leiden.

Fakten aus der Wissenschaft:
• Laut einer Studie der Universität Bremen leiden Kinder aus konfliktreichen Trennungsfamilien überdurchschnittlich oft unter Stress, Ängsten und Schuldgefühlen.

• Eine Analyse des Deutschen Jugendinstituts (DJI) verdeutlicht, dass Kinder, deren Eltern in dauerhaften Rechtsstreitigkeiten stehen, häufiger schulische und soziale Probleme entwickeln.

Beispiel:

Ein Kind berichtet, dass es sich schuldig fühlt, weil es glaubt, die Ursache für den Streit der Eltern zu sein. Es meidet den Kontakt zu einem Elternteil, da es die Konflikte nicht ertragen kann. Dieses Kind wächst in einer Atmosphäre des Zwistes auf, anstatt in einem stabilen, unterstützenden Umfeld.

Wie Eltern den Kreislauf durchbrechen können

Um den Kindern eine bessere Zukunft zu ermöglichen und unnötige Kosten zu vermeiden, gibt es Alternativen zu juristischen Auseinandersetzungen, die im Folgenden aufgeführt werden.

1. Mediation:

Mediatoren helfen Eltern, ohne Anwälte und Gerichte einvernehmliche Lösungen zu finden. Die Kosten sind deutlich geringer und die Ergebnisse langfristiger.

Beispiel: Eine Mediation kostet pro Sitzung durchschnittlich 100 bis 200 Euro. Selbst bei mehreren Sitzungen sind die Gesamtkosten wesentlich niedriger als bei einem gerichtlichen Verfahren.

2. Elternkurse:
Kurse wie ‚Kinder im Blick' unterstützen Eltern dabei, Konflikte zu reduzieren und den Fokus auf das Kindeswohl zu legen.
Kosten: Zwischen 300 und 500 Euro – eine lohnende Investition im Vergleich zu den Kosten eines Anwalts.

3. Direkte Kommunikation:
Eltern sollten versuchen, Konflikte frühzeitig und ohne rechtliche Intervention zu lösen. Dies erfordert Disziplin und Empathie, führt jedoch zu nachhaltigeren Beziehungen.

Ein Appell an die Eltern
Das Geld, das für Anwälte und Gerichte ausgegeben wird, sollte besser in die Zukunft der Kinder investiert werden. Jeder Euro, der in Streitigkeiten fließt, fehlt am Ende bei denjenigen, für die er eigentlich bestimmt war: den Kindern. Anstatt gegeneinander zu kämpfen, sollten Eltern daran arbeiten, gemeinsam Lösungen zu finden – für die Kinder, für sich selbst und für eine bessere Zukunft.

Die Kinder stehen stets an erster Stelle. Kein Geldbetrag, keine Reise und kein Rechtsstreit darf wichtiger sein als die emotionale Gesundheit und das Wohlbefinden der Kinder. Es ist die Aufgabe beider Elternteile, ihren Kindern ein Umfeld zu bieten, in dem sie sich geliebt und sicher fühlen – unabhängig von den finanziellen Möglichkeiten. Das bedeutet auch, dass Eltern ihre persönlichen Konflikte zurückstellen müssen, um den Kindern eine stabile und glückliche Kindheit zu ermöglichen.

Wie ein Kind einmal sagte:
„Ich brauche keinen Streit um mich herum. Ich brauche einfach nur Eltern, die sich um mich kümmern."

Am Ende dieses Kapitels bleibt die Erkenntnis: Wenn die Anwälte sprechen, bist du als Elternteil gescheitert. Doch es ist nie zu spät, den Kurs zu ändern, die Verantwortung zu übernehmen und wieder den direkten Dialog zu suchen – zum Wohle der Kinder und für die eigene Zufriedenheit.

Ein Ruf nach Gerechtigkeit und Veränderung

Der Themenkomplex des Kindesunterhalts und der Düsseldorfer Tabelle ist eine der zentralen rechtlichen und sozialen Fragen in Deutschland. Es geht dabei nicht nur um Zahlen und Gesetze, sondern um das Leben von Familien, um das Wohl von Kindern und die Verantwortung von Eltern. Als barunterhaltspflichtiger Elternteil weiß ich nur zu gut, wie belastend und herausfordernd das System für viele von uns ist.

Doch dieses Buch ist nicht nur mein persönlicher Erfahrungsbericht – es ist ein Aufruf zur Veränderung, eine Einladung, das bestehende System kritisch zu hinterfragen und weiterzuentwickeln.

Die Düsseldorfer Tabelle, wie sie derzeit besteht, ist längst nicht mehr in der Lage, die tatsächlichen Bedürfnisse von Familien in einer modernen Gesellschaft zu decken: Die Kluft zwischen den steigenden Lebenshaltungskosten und den oft stagnierenden Löhnen ist zu groß.

Die Zahlungen, die von barunterhaltspflichtigen Eltern verlangt werden, sind nicht nur finanziell schwer zu tragen, sondern sie führen zu psychischen Belastungen und Konflikten, die sowohl die Eltern als auch die Kinder betreffen.

Es ist an der Zeit, dass das System flexibler und gerechter wird, dass es die realen Lebensrealitäten anerkennt und die Verantwortung beider Elternteile gleichwertig berücksichtigt.

Doch auch die Medien und die Gesellschaft müssen ihren Teil dazu beitragen. Zu lange wurden einseitige Narrative über die Rolle des barunterhaltspflichtigen Elternteils verbreitet und die Realität zahlreicher Väter und Mütter blieb im Hintergrund.

Die mediale Darstellung muss differenzierter werden, um ein realistisches Bild der Problematik zu vermitteln. Wir dürfen nicht weiter in

Stereotype verfallen, sondern müssen verstehen, dass es in den meisten Fällen keine einfachen Lösungen gibt. Beide Elternteile tragen Verantwortung und beide sollten in den Entscheidungsprozess einbezogen werden.

Die Forderung nach einer Reform des Unterhaltssystems ist keine einfache Forderung, sondern eine notwendige. Sie geht weit über das Thema der finanziellen Belastung hinaus – sie betrifft das Wohl der Kinder, die Integration von Eltern in die Erziehung und das emotionale Wohlbefinden aller Beteiligten.

Wir brauchen ein System, das nicht nur auf festen Zahlen basiert, sondern auch auf den realen Bedürfnissen von Familien und den sich ständig verändernden gesellschaftlichen Bedingungen.

Abschließend möchte ich sagen, dass es Zeit ist für eine Veränderung. Für eine Veränderung, die nicht nur auf dem Papier existiert, sondern die auch im Alltag der betroffenen Familien ankommt.

Für ein System, das gerecht ist und auf echten Bedürfnissen basiert – für ein System, das den Weg in eine gerechtere und solidarischere Gesellschaft ebnet. In der Hoffnung, dass dieses Buch einen kleinen Beitrag zu dieser Veränderung leisten kann, rufe ich die Politik, die Gesellschaft und die Medien dazu auf, sich der Realität anzunehmen und aktiv an Lösungen zu arbeiten.

Wir müssen gemeinsam den Mut finden, bestehende Strukturen zu hinterfragen und die Bedürfnisse der Menschen in den Mittelpunkt zu stellen. Nur so können wir eine gerechte Zukunft für unsere Kinder und für alle Eltern schaffen.

Nach all diesen Erfahrungen habe ich erkannt, dass das System nicht so schnell verändert werden kann. Ich habe mich lange dagegen gewehrt, wollte das Unfaire nicht akzeptieren und dachte, ich müsste weiter kämpfen, bis endlich Gerechtigkeit herrscht.

Doch mit der Zeit habe ich etwas Wesentliches verstanden: **Das System kann ich vielleicht nicht sofort ändern, aber meine eigene Einstellung dazu schon.**

Ich kann entscheiden, ob ich mich weiter an der Wut festhalte oder ob ich einen neuen Weg gehe – einen, der mich stärker macht, statt mich auszubrennen.

Ich kann lernen, meinen Fokus von der Ungerechtigkeit hin zu meiner eigenen Zukunft zu lenken. Und genau das möchte ich in diesem letzten Kapitel mit dir teilen.

Kapitel 11: Fazit und Ausblick – Mein Weg durch das System und darüber hinaus

Nach all den Herausforderungen, die ich in diesem Buch beschrieben habe, möchte ich den Blick in die Zukunft richten.

Die Frage ist nicht mehr, ob das System gerecht ist – sondern was ich selbst aus dieser Erfahrung mache und wie ich damit umgehe.

Ich weiß, wie es sich anfühlt, wenn einem das Unterhaltssystem über den Kopf wächst, wenn die Bürokratie einem Steine in den Weg legt und wenn man sich als Vater oder Mutter benachteiligt fühlt. Ich kenne das Gefühl, in Anwaltsschreiben nicht als Mensch, sondern als Fallnummer behandelt zu werden. Und ich weiß, dass es Momente gibt, in denen man einfach nur loslassen möchte, weil man den Kampf leid ist.

Allerdings habe ich gelernt, dass Aufgeben keine Option ist.

Denn dieser Kampf betrifft nicht nur mich – er betrifft unsere Kinder und ihre Zukunft.

Lange Zeit war mein Fokus nur auf das Unterhaltssystem gerichtet. Ich habe mich über die Ungerechtigkeiten aufgeregt, über die fehlende Transparenz und über die ungleiche Verteilung der finanziellen Last. Ich habe versucht, das System zu verstehen, um es vielleicht doch noch irgendwie zu meinem Vorteil zu nutzen. Doch mit der Zeit habe ich erkannt, dass es nicht nur darum geht, gegen das System zu kämpfen.

Es geht auch darum, mich selbst weiterzuentwickeln, meinen Blickwinkel zu verändern und meine eigene mentale und emotionale Stabilität zu sichern.

Ein entscheidender Schritt auf diesem Weg war für mich die Auseinandersetzung mit meinem inneren Kind. Ich habe gelernt, dass viele meiner Reaktionen auf die Unterhaltsproblematik nicht nur aus der aktuellen Situation heraus entstanden, sondern tief in meiner Vergangenheit verwurzelt waren. Das Gefühl, nicht gehört zu werden, nicht genug zu tun oder ständig kämpfen zu müssen, hatte nicht erst mit meiner Rolle als Unterhaltspflichtiger begonnen – es war ein Muster, das mich schon mein ganzes Leben

begleitet hatte. Als ich anfing, mich damit ausei-
nanderzusetzen, erkannte ich, dass der wahre
Kampf nicht nur gegen ein ungerechtes System
geführt werden musste, sondern auch gegen alte
Glaubenssätze und Emotionen, die mich immer
wieder in dieselben negativen Muster drängten.

Ich begann, mich intensiver mit Persönlichkeits-
entwicklung und Mindset-Arbeit auseinander-
zusetzen. Statt mich nur auf das zu konzentrieren, was falsch läuft, begann ich, meinen Fokus
darauf zu legen, was ich selbst beeinflussen
kann. Ich erkannte, dass meine Gedanken und
meine Einstellung darüber entscheiden, wie ich
mit der Situation umgehe. Und ich stellte fest,
dass ich durch diese Veränderung plötzlich neue
Möglichkeiten sah, wo ich zuvor nur Hinder-
nisse erkannt hatte.

Besonders in Bezug auf mein Privatleben war
das ein Schlüsselmoment. Lange Zeit dachte ich,
dass es für mich mit den hohen Unterhaltsverpflichtungen keinen Neuanfang geben könnte.

Wer will schon mit jemandem zusammen sein, der finanziell so eingeschränkt ist? Wer will eine Zukunft mit einem Partner planen, der einen großen Teil seines Einkommens für Verpflichtungen aus einer früheren Beziehung abgeben muss? Ich dachte, ich sei gefangen in meiner Situation und müsste mich damit abfinden. Doch das war nicht wahr.

Mit der Zeit erkannte ich, dass meine Angst vor einer neuen Beziehung mehr mit meinen eigenen Zweifeln zu tun hatte als mit der Realität.
Ja, es ist eine Herausforderung, einen neuen Partner zu finden, wenn man finanziell stark belastet ist. Aber wahre Partnerschaft basiert nicht nur auf finanziellen Möglichkeiten, sondern auf Vertrauen, Verständnis und gemeinsamen Werten. Ich musste lernen, mich selbst nicht auf meine Unterhaltszahlungen zu reduzieren. Ich bin mehr als das. Ich bin nicht nur jemand, der zahlt – ich bin ein Vater, ein Mensch mit Träumen, Zielen und einem Leben, das weitergeht.

Und genau das habe ich erlebt. Ich habe jemanden gefunden, der mich so akzeptiert, wie ich bin – mit allem, was dazu gehört. Eine starke Partnerschaft bedeutet nicht, dass alles perfekt sein muss. Es bedeutet, gemeinsam Lösungen zu finden, Herausforderungen anzunehmen und sich gegenseitig zu unterstützen.

Meine neue Beziehung hat mir gezeigt, dass mein Leben nicht durch meine Vergangenheit bestimmt wird, sondern durch das, was ich daraus mache. Ich habe gelernt, dass es möglich ist, wieder Vertrauen aufzubauen, eine Zukunft zu planen und trotz aller Widrigkeiten glücklich zu sein.

Ich habe auch erkannt, dass es nicht nur um mich geht. Dieses Buch habe ich nicht nur geschrieben, um meinen Frust loszuwerden, sondern um anderen zu zeigen, dass sie nicht allein sind. Ich weiß, dass viele in einer ähnlichen Situation stecken und sich fragen, wie sie weitermachen sollen.

Deshalb möchte ich nicht nur aufzeigen, was falsch läuft, sondern auch Möglichkeiten geben, sich selbst aus der Opferrolle zu befreien und eine neue Perspektive einzunehmen.

Wenn ich eines gelernt habe, dann ist es, dass die größte Veränderung in mir selbst beginnt. Egal, wie ungerecht das System ist, egal, wie viele Hürden es gibt – ich entscheide, wie ich darauf reagiere. Ich entscheide, ob ich mich davon brechen lasse oder ob ich daraus wachse. Und ich entscheide, ob ich diesen Kampf nur für mich führe oder ob ich meine Erfahrungen nutze, um anderen zu helfen.

Dieses Buch sollte nicht nur eine Analyse der aktuellen Missstände sein, sondern auch ein Zeichen dafür, dass es immer einen Weg gibt, nach vorne zu gehen. Ich hoffe, dass es dich dazu inspiriert, nicht nur für deine Rechte zu kämpfen, sondern auch für dein eigenes Wohlbefinden und deine persönliche Weiterentwicklung.

Denn wenn wir stark bleiben, können wir nicht nur unser eigenes Leben verbessern, sondern auch das unserer Kinder.

Lasst uns gemeinsam für ein gerechteres Unterhaltssystem kämpfen – für uns selbst, für andere Betroffene und vor allem für unsere Kinder.

„Kinder brauchen mehr als Geld, sie brauchen Präsenz, Liebe und echte Verantwortung." – Julian Lösch

IMPRESSUM

Buchtitel:
MoneyMaker Unterhalt – aus eigener Erfahrung!

Autor:
Julian Lösch

Verlag:
BoD · Books on Demand GmbH,
In de Tarpen 42,
22848 Norderstedt, bod@bod.de

Kontakt:
Julian Lösch
julian@jlconcepts.de

Gestaltung und Layout:
Julian Lösch

Lektorat und Korrektorat:
Mentorium GmbH
Würzburger Straße 4
D-10789 Berlin

ISBN:
978-3-7693-0157-1

Erstveröffentlichung:
2025

Druck: Libri Plureos GmbH, Friedensallee 273,
22763 Hamburg

Haftungsausschluss:

Die Inhalte dieses Buches beruhen auf den persönlichen Erfahrungen und Recherchen des Autors. Trotz sorgfältiger Recherche übernimmt der Autor keine Gewähr für die Richtigkeit, Vollständigkeit oder Aktualität der dargestellten Inhalte. Dieses Buch dient ausschließlich der Information und ersetzt keine professionelle Beratung.

Danksagung:

Mein besonderer Dank gilt allen, die mich bei der Erstellung dieses Buches unterstützt haben, sowie denjenigen, die ihre Erfahrungen und Perspektiven geteilt haben, um dieses Werk zu bereichern.

Hinweis zur Nutzung:

Dieses Buch kann nicht die individuelle Situation jedes Lesers abbilden. Leserinnen und Leser sollten sich bei rechtlichen, finanziellen oder familiären Fragen an entsprechende Fachleute wenden.